DIE ZISTERNE
Gedichte 1942 bis 1949

Oh, ein Gott ist der Mensch, wenn er träumt,
ein Bettler, wenn er nachdenkt...
Hölderlin, HYPERION I, 1

Das Allerweichste auf Erden überholt das
Allerhärteste auf Erden. Das Nichtseiende
dringt auch noch ein in das, was keinen
Zwischenraum hat. *Lao-tse*

Die Fontäne

Kühn steige ich und falle
zerstäubt vom Überschwalle
nur immerzu in mich.
Ich baue Zaubertürme.
Durch Wind und Wetterstürme
aufwirbelnd tanze ich.
Zersprühende Gewalten
sich neu in mir gestalten,
und Sonnen spiegeln sich.

Als ich Soldat war

Als ich Soldat war, schrieb ich kein Gedicht.
Auf Schmerz und Tod gab's nur den alten Reim.
Mir schnitt der Stahlhelmriemen ins Gesicht.
Und daß ich lebte, wußte ich es nicht?
Die Verse schliefen irgendwo daheim.
Das Blut floß stumm, gerann zu schwarzem Seim.
Als ich Soldat war, schrieb ich kein Gedicht.

Als ich Soldat war, sprach ich kein Gebet.
Die ersten schrillen Kugeln trafen Gott.
Die Stimmen starben, die zu ihm gefleht.
Geruch der Toten hat ihn zugeweht.
Befehle jagten mich in irren Trott.
In tausend leeren Fratzen hing der Spott.
Und Gott? – Wir hoffen, daß er aufersteht.

Immer noch trägt uns die ewige Strömung

Für Stephan Hermlin

Immerfort trägt uns die ewige Strömung,
trägt uns des weißen Gewässers
friedlicher Schwall.
Nur wer sich einsam hob
mit durchlichteter Schwinge
taumelnd in Sphären der Helle
mit lohender Stirn,
fiel mit durchsengtem Gefieder
steinschwer und tönend hinab,
stieß auf die splitternden Gründe,
dunkel das Wasser verfärbend,
und staute den Strom,
saugten ihn nicht
die Kräfte der Sonnen in sich,
zog es ihn nicht
in den Strudel der Sterne,
wo er ein leuchtender auch
kreisend die Himmel durchmißt.

Immerfort trägt uns die ewige Strömung.
Jahrelang, unheilverhangene Jahre,
trugen uns schwarzrot die Wogen
schäumenden Bluts.
Männer warfen sich
tausendfach gegen die Fluten,
– stählern die Muskeln,
grün vor Haß die Gesichter,
Gier nach der Macht
in den zuckenden Lenden –,
schlürften wie Wein auf der Zunge
die Lust der Zerstörung,
türmten Leiber auf Leiber

der Toten wider den Strom.
Jauchzten und wollten es zwingen, das Wasser,
zwingen, das Schicksal, in ihre Bahn.
Sie stürzten die alten Werte
zwischen erstarrte Glieder.
Wind blies den Sand in die Fugen.
Standarten des Rausches brannten.
Himmelwärts wuchs
das Wehr der Vernichtung.

Über die Ufer schwollen
gurgelnd die Fluten,
löschten die Blumen, die sanften,
und brachen den Wald,
brachen die Tore der Stillen.
Sie peitschten im Aufschrei der Glocken
berstende Türme
und schlugen die Stufen des Doms.
Wolken rauschten herab,
und Gewitter fingen sich rollend
im Dunste des Bluts.
Tanzend, von Woge zu Woge geworfen,
rissen die Opfer die Trotzenden mit
in die Wirbel des Todes,
sprengten das Wehr
und die äußersten Dämme.
Letzte Zerstörer sanken dahin,
und die Fluten ergossen sich
schmutzig ins Meer,
ins unendliche.
Immer noch trägt uns die ewige Strömung
Wieder stehn lichtere Wolken
auf den Gewässern.
Und von den Sternen fällt
und durch die Wogen fließt
dunkel Gesang.

Verlassenes Schlachtfeld

Stümpfe und Strünke weisen zerschlissen
in die Gefilde erstarrter Gewalt.
Noch sind die Wiesen aufgerissen.
Spuren von tausend wütenden Bissen
sind in die Äcker eingekrallt.

Wassergefüllte Trichter gähnen,
die in der Erde wie Augen stehn.
Ist es der Tau, oder sind es die Tränen,
die auf den wehenden Gräsermähnen
wie zwischen zuckenden Wimpern zergehn?

Siehst du den Schrei in den Bäumen hängen?
Sieh, wie das Blut aus den Blüten tropft,
wie sich die Wolken in Äste zwängen,
wo sich die Hügel zusammendrängen!
Horch, wie der Wind an die Kreuze klopft!

Stimmen der Toten furchen die Lüfte.
Sieh, wie der Himmel die Bläue schluckt!
Helle des Tags versinkt in die Grüfte.
Dicht an des Berges zersprungene Hüfte
haben sich angstvoll die Dörfer geduckt.

Hörst du die Halme leise schauern,
dort, wo die Erde noch Blumen trägt?
Siehst du den Blitz in den Wolken lauern?
Horch wie der Donner gegen die Mauern
wachsender Horizonte schlägt!

Vögel taumeln wie Mücken und beben
saugend in Falten des Erdengesichts,
bis sie die Flügel des Sturmes heben.
Siehe, sie tragen einsam das Leben
brausenden Flugs in die Hallen des Lichts.

Die Erde bebt noch

Die Erde bebt noch von den Stiefeltritten.
Die Wiesen grünen wieder Jahr für Jahr.
Die Qualen bleiben, die wir einst erlitten,
ins Antlitz, in das Wesen eingeschnitten.
In unsren Träumen lebt noch oft, was war.

Das Blut versickerte, das wir vergossen.
Die Narben brennen noch und sind noch rot.
Die Tränen trockneten, die um uns flossen.
In Lust und Fluch und Lächeln eingeschlossen
begleitet uns, vertraut für immer, nun der Tod.

Die Städte bröckeln noch in grauen Nächten.
Der Wind weht Asche in den Blütenstaub
und das Geröchel der Erstickten aus den Schächten.
Doch auf den Märkten stehn die Selbstgerechten
und schreien, schreien ihre Ohren taub.

Die Sonne leuchtet wieder wie in Kindertagen.
Die Schatten fallen tief in uns hinein.
Sie überdunkeln unser helles Fragen.
Und auf den Hügeln, wo die Kreuze ragen,
wächst säfteschwer ein herber neuer Wein.

(*2. Fassung*)

Jugend der Städte

Auf den Balkonen des Lebens
stehn wir, hinabgebeugt,
und lauschen, ob uns vergebens,
vergebens die Eltern gezeugt.

Wir haben das Blut gerochen,
die schweißige Angst, den Haß.
Die Brücken liegen zerbrochen
im trägen, fauligen Naß.

Kamine bohren geborsten
hinein ins zerschlissene Grau.
Nur noch die Geier horsten
in ungetrübtem Blau.

Die Fenster sind eingeschlagen,
durch die wir ins Leben geschaut.
Die Häuser sind abgetragen,
die man um uns erbaut.

Die Welt sind für uns die Fassaden,
aus denen das Dunkel grinst.
Die Not zieht über Kaskaden
von Schutt ihr dichtes Gespinst.

Es hängen noch manchmal Altanen
mit Blumen verloren im Raum.
Die Schwalben ziehen die Bahnen
wie einst. Doch der lächelnde Traum

von Künftigem in den Gesichtern
der Kinder erlischt, wenn es hellt

und mit gierigen nackten Lichtern
der Tag in die Stille gellt.

Auf den Balkonen des Lebens
stehn wir, hinabgebeugt,
und lauschen, ob uns vergebens,
vergebens die Eltern gezeugt.

Wintergang

Der Himmel stürzt sternlos
ins weiße Feld.
Schnee sinkt, das Land sinkt.
Der Weg steigt, die Spur steigt
braun ins Grau.
Ich falle, ich stapfe, ich steige.
Gewölk reißt mich hoch.
Der Schuh klingt, der Wind tönt.
Schnee kränzt mir die Stirn.
Häuser ducken sich
krumm ins Weiß.
Flüsse erstarren,
umfrieren das Land.

Ein Strauch tritt
mir in den Weg.
Bäume nahen
schwarz und bittend
und neigen sich.
Ich sinke, ich stapfe, ich steige.
Das Eis singt, der Wald schreit.
Den Spiegel verhängt,
schwindet der See.
Dunkle Frucht rollt
mir vor den Schuh.
Die Frucht birst, Schnee fällt,
Das Land fällt, der Wind höhnt,
verweht den Weg,
verwischt die Spur,
verlöscht meinen Tritt,
glättet die Welt.

Im Föhnwind

Wenn der Föhn von Süden streicht,
fühl ich mich so leicht.
Gehen muß ich, gehen,
fort, wo die Alleen
in den Himmel stehen.

Schritt für Schritt fällt eine Last,
Schritt für Schritt wächst neue Hast,
Gehen, immer gehen,
in die Wolken sehen,
die vorüberwehen.

Wenn der Föhn von Süden streicht,
fühl ich mich so leicht.

Abstraktion

Schwer fällt mir die Nacht auf die Lider
und stürzt das Gestaltete ein.
Die Farben, sie sinken wieder
zum Ursprung, in mich hinein.

Der Abglanz des Tages, zerronnen,
sich tönend zu Bildern rafft,
gestaltlos dem Dunkel entsponnen,
und zwingt mich in zaubrische Haft.

Ins Licht meiner brennenden Sinne
sind leuchtend die Farben gestellt.
Die Sonne versank, nun beginne
der Rausch meiner eigenen Welt.

Es tagt

Die müden Sterne und der Mond erblinden
am kühlen Himmel, der noch nächtlich droht,
und Wolken ballen sich in grauer Not,
das Licht, das quellende, zu überwinden.

Den Osten zeichnet eine Reihe Linden.
Aus wirren Ästen wächst das Morgenrot,
das glimmend in die Wolkentürme loht.
Die Blässe weicht, die Nebelstreifen schwinden.

Die Farben klären sich, und die Konturen
verdichten sich zu gültiger Gestalt.
Und alles, was in Schemen sich verloren,

das dämmrig Fließende der weiten Fluren
erstarrt zur Form. Erahntes wird Gehalt.
Die Sonne steigt, es ist der Tag geboren.

Das Moor

Wolken lasten über schwerer Erde.
Nackte Birken tanzen wild im Wind.
An den Säumen meiner schmalen Fährte
trübes Wasser durch die Gräben rinnt.

Bohlen knirschen unter meinen Tritten.
Wütend schluckt und ächzt das träge Naß.
Von den Stürmen längst zu Tod geritten
liegt wie hingepreßt das bleiche Gras.

Schwarzen Bodens weit verstreute Splitter
einen sich vor mir zum dunklen Band.
Birken drängen sich zum fernen Gitter,
dicht umsperrend das verborgne Land.

Frühling?

Vorwärts hast ich den Weg
zwischen den Gärten.
Mauern, Hecken und Zäune!
Staub schlägt mir ums Knie,
und der Stein rollt vor dem Tritt.
Im Blut nur der eine Akkord,
der dunkle und starke,
der laut in den Adern tost.

Von fernen Balkonen nicken
Blumen und Mädchen.
Blüten flammen
aus saftigem Laub der Kastanien,
und über die Mauern quillt
duftend der Flieder.
Durch morschende Planken
tastet schmeichelndes Grün,
und über die Latten schimmern
wollüstig die Dolden
weißgelben Holunders.

Mauern, Hecken und Zäune!
Aufschauend mit rotem Aug,
ob sich der Himmel nicht weite,
seh ich nur Wolken
sinken auf mich,
schwer, schwer wie die Erde,
düster, gewittergeschwellt.

Ich ducke das Haupt,
daß es nicht an die Wölbung stoße,
und taumle zum Pfahl,
der sich in Himmel und Erde bohrt,

und rüttle, bis mir der Regen
den Schweiß auf der Stirne süßt
und mir das nasse Haar
Augen und Sinne verhängt.

Im Park

Ich lehne gelassen am morschen Zaun
und schau in den Park hinein:
Vor flüsternde Büsche tritt lächelnd ein Faun
aus grauem verwittertem Stein.

Als hätte ihn einst aus kreißendem Schoß
die Gartenerde gezeugt,
so steht er da, als ihr ältester Sproß,
von Regenstürmen gesäugt.

Die Bocksfüße klettert Moos hinan,
das wärmend die Mutter ihm lieh.
Lichtnelken, Schaumkraut und Löwenzahn
liebkosen streichelnd das Knie.

Die Schultern der blühende Flieder streift.
Die Hand liegt im Barte verkrallt.
Ein neckischer Zweig durch die Hörner greift
ins Haar, das den Nacken umwallt.

Im zottigen Fell eine Schnecke klebt.
Sie kriecht wohl schon lange Zeit
und spürt, wie hinauf sie den Götterleib strebt,
ein Stück Unermeßlichkeit.

Liebeslied

Wenn nur immerzu der Baum
diese weißen Blüten trüge,
wenn nur immer so der Schaum
roter Sonne in den Traum
deiner sanft erregten Züge

zitternd flösse und dein Haar
über meine Stirne wehte,
wenn sich nur das ganze Jahr
um das lichte Sternenpaar
deiner frohen Augen drehte,

wenn nur immer deine Hand
so an meinem Herzen lehnte,
wenn bis an den steilsten Rand
allen Lebens sich der Brand
dieser Stunde glühend dehnte,

wenn auf jedem Weg der Klang
deiner Stimme mich umhüllte,
wenn nur immer der Gesang
dieses Abends neu den Gang
meines Blutes jubelnd füllte,

dann zerschlüge sich die Nacht,
die das Nichts verbirgt im Kerne,
und sie stürzte in den Schacht
zwischen uns und hell entfacht
übertanzten uns die Sterne.

Moments Musicaux

Für Gudrun

Impromptu

Wie Farben fallen Töne in den Raum
und fließen selig klingend ineinander,
bald dunkel quellend, bald wie lichter Schaum
zerrieselnd, flüchtig schillernd wie ein Traum.
Auf blühen Stimmen dann wie Oleander,
wenn pralle Sonnenstrahlen den Balkon
am Mittag treffen und die Wände leuchten,
und taumeln, sich entblätternd wie der Mohn
im Abendwind, und sinken Ton um Ton
wie Blüten auf den Grund, den regenfeuchten.

Intermezzo

Türflügel schlagen auf und fallen
zurück im Schwung.
Ein Mädchen flattert aus den Hallen
in leichtem Sprung.

Sie rauscht die breiten Treppen nieder.
Ein Vogel flieht.
Auf ihren Lippen kehrt es wieder,
sein buntes Lied.

Sie löst von ihrer Brust den hellen
Lichtnelkenstrauß
und wirft ihn in die grünen Wellen
des Sees hinaus.

Scherzo

Ein Kobold sprang
ins Stimmenmeer.
Baßdunkle Woge warf ihn her.
Hellgrünen Tang
flocht er ins Blau
der klingend kühlen Luft.

Aus braunem Duft
steigt eine Frau
auf lichtem Silberton.
In schrillem Hohn
spritzt er den Schaum
der Wellen an die weiße Brust.
Sie lacht vor Lust
und spürt es kaum,
wie er sie um die Hüfte faßt.

Ein irrer Tanz
im Wellenkranz.
Aus seinen Armen taumelnd sinkt
die süße Last.
Das Meer verschlingt
sie, doch der Bold entspringt.

Moment Musical

Aus ihrer Hände weißem Fluß
stieg matt ein Klang,
und im Genuß
der blauen Stunde sang
der Baum,
der blütenweiße.
Ganz leise
zitterte im Kuß
ihr Mund.
Der Saum
des Kleides hob sich bunt,
und Blütenschaum
fiel in den Wind.
Es läutete ihr Haar
wie Gold, das durch die Finger rinnt.
Das Tönen schwand,
das um uns war,
versank ins Blut
und in die Glut,
die hell in ihren Augen stand.

Heimweg durch Gewitter

Lampen biegen sich
schlapp in die Nacht.
Dampf steigt vom Asphalt.
Hundert Spiegelungen tanzen.
Berstend zerbricht das Gewölk.
Ein Blitz schreit auf,
daß Bäume erbeben.
Blüten springen vom Ast.
Ein Turm steilt hoch und versinkt.
Gemäuer zuckt in weißer Angst.
Ein irrender Stern erbleicht.
Atemzuglang – bis wieder Schwärze
das Leben verschlingt.
Der Sturm lacht im Park.
Irgendwo grinst noch Licht
hämisch durch schmutziges Glas.
Irgendwo weint ein Kind . . .

Sommer 1945

Pflück mir den Mohn!
Ich faß es kaum,
daß wieder Sommer,
daß Sommer ist
und wieder Wärme
die Glieder hüllt,
in Adern fließt
und in die Herzen.

Daß wieder Kinder
wie bunte Falter
auf Gassen tollen
in Spiel und Streit!
Daß wieder Vögel
im Himmel hängen
und helle Lieder
tief in uns fallen!

Oh, daß das Eis
in dunklen Wimpern
und Brauen schmolz,
daß wieder Glanz
im Auge steht
und wieder Sonne
auf Straßen schläft
und auf der Haut!

Und daß wir wieder
in Flüsse springen,
aus Seen tauchen,
nackt an den Ufern
im Grase liegen,
die Hand in Blumen,

das Haar im Wind.
O blaue Zeit!

Daß wieder Licht
von Mauern rinnt,
von Bäumen trieft,
auf Körpern spielt,
durch Wellen schießt,
in Brunnen fällt
und in die Herzen!
Spürst es auch du?

Staub

Für Günter Eich

Ungereifte Johannisbeeren
verrinnen mir grün in der Hand.
Regenträchtige Wolken gären
tief über erstarrtem Land.

Licht verliert sich in schrägen Strahlen
auf Rindern am Rasensaum.
Von Mäulern, die träge das Gras zermahlen,
trieft weißlich flockender Schaum.

Die Flügelschläge der Vögel knistern
erregter im Heckenlaub.
Auf Halmen und Blättern verschwistern
sich Blüten- und Straßenstaub.

Der Waldweiher

Als wäre einst ein dunkler Wolkenball
in diesem Waldtal am Geäst verhängt
und hätte sich in mählichem Zerfall
zerfließend in die Tiefen eingedrängt
und auseinanderquellend sich gedehnt,
so liegt der Weiher, finster, regengrau
an sanfte Hügel zitternd angelehnt.

Der trübe Spiegel schwärzt das Tannenblau.
Ins Braun verdüstert er der Buchen Grün.
Ums Ufer sich zerzaustes Schilfgras flicht,
darin versteckt die Wasserrosen blühn.
Vom Himmel sickert mattes, weißes Licht.

Die Boote

Verstreut liegt da und dort ein Boot am Strand.
Die Ruder und das Steuer sind zerschlagen,
am morschen Boden schwarze Lachen nagen.
Die Planken glühn und weithin glüht der Sand.

Und andre schaukeln draußen in der Bucht.
Sie schnellen vor, bis sich die Seile straffen
in stetem Spiel, und stoßen dann im schlaffen
Zurück an ihren Pflock in matter Wucht.

Nur eines fliegt, den Mastbaum hochgestellt,
mit windgeschwelltem Segel durch die Wogen.
Vom Himmel überspannt in blauem Bogen
durchstößt es kühn den Schleier vor der Welt.

Der Gast der Erde

Hingelagert unter die Himmel,
hingelagert über das Nichts,
ruht trächtig die Erde.
Lichtfarbene Halme
schwanken ährenschwer,
und in endlosem Grün
dehnt sich in Fernen das Laub,
tausendsäulig und tausendarmig gestützt.

Und sie trägt auch mich,
diese Erde,
mich, den Gewittergebornen.

Der Halm zittert
bei meinem Tritt.
Bäume biegen sich seitwärts.
Schluchten klaffen auf.
Und in herber Rundung
locken mich Brüste,
sonnenbebende Hügel.
Sprühenden Laufs
schäumen mir Flüsse entgegen,
und die Stille des Sees
birgt mein vergangnes Gesicht.

Der Wind schmiegt sich
mir um den Leib.
Tau glänzt am Schuh
und am klingenden Stab.
Wolken kühlen
die heißen Schläfen,
und der Strahl des Gestirns
fällt mir schräg übers Haar.

Zwielicht im Aug
trink ich der Sonne Glut.
Dröhnenden Gangs
wandelt die Trotzende
durchs zerfallende Blau.

Auf meinen Schultern
türmt sich Gewölk.
Feuchte durchzittert die Luft.
Fern fängt sich der Donner.
Regen kost mir die Stirn.
Blitze grüßen mich
blaustrahlig, straff.

In Wehen zuckt
der Erde dunkler Leib
und bäumt sich
im fahlen Licht.

Von Himmel zu Himmel
wirft die Sonne
den schimmernden Bogen.
Ich eile und schreite hinaus
durchs siebenfarbige Tor.

(1. Fassung)

Rot

Für Otmar Lederer

Nur in den roten Farben ist Gott,
im Blut, das das Herz in die Adern stößt,
unter den brennend vereinigten Lippen
und auf der Haut, die in Scham sich rötet.

Nur in den roten Blumen wächst Gott,
im flüchtigen Brand des Mohns,
in der Rosen wütender Glut,
im herbstlichen Feuer der Astern.

Nur in den roten Früchten reift Gott,
unter der prallen Haut der Tomaten,
im rosigen Fleisch der Wassermelone,
in der Kirschen Süße, der bitteren Vogelbeere.

Nur in der roten Sonne brennt Gott,
in den wehenden Fackeln der Frühe
und im tieferen Glutball des Abends,
im Flammenstrich auf des Wassers gelöster Haut.

Miß die Zeit am rinnenden Blute der Frauen!
Schmecke am Rot der Blumen die Lust!
Sauge die Reife aus glühender Frucht!
Spüre den Wandel am Röten der Sonne!
Nur in den roten Farben ist Gott.

(*1. Fassung*)

Abgeerntet

Die Stoppelfelder starren sonnenfarben.
Ein letzter Wagen harrt mit prallen Garben.
Die Halme glühn.
Verstreut liegt zwischen stillen Ackerkrumen
manch rotes Blatt. Und auch die blauen Blumen
sind im Verblühn.

Ein graues Band, zerfurcht von tiefen Rinnen,
sucht unbeirrt die Weite zu gewinnen.
Es wölkt der Staub.
Am Graben stechen Pappeln auf ins Leere.
Die Erde ruht im Zwang der eignen Schwere.
Schlaff hängt das Laub.

Ein Wandrer zieht des Wegs mit lahmen Schritten.
Den müden Augen ist das Ziel entglitten.
Sie suchen bang.
Vor seinem Blick sich tote Äcker weiten.
Bald irrt er unstet in Unendlichkeiten.
Der Weg ist lang.

Nachmittagsstunde

Für Hanns und Odette Arens
Herrlingen, September 1948

Auf blendender Mauer hocken
schwarzschattende Vögel. Drei
dumpfe Schläge der Glocken
ersticken das Kindergeschrei.

Vom Kirchensims fallen die Raben
in blaue Septemberglut.
Die eschernen Speere der Knaben
schwirren ins schwarzrote Blut

gereifter Holundertrauben.
Der Wind hat sich schläfrig gedreht.
Am Kirchensims sonnen sich Tauben,
vom Bachgrund emporgeweht.

Helles und dunkles Gefieder
schwimmt in das sumpfige Braun.
Sein leuchtendes Rad schlägt wieder
der Pfau vor dem Friedhofszaun.

(*2. Fassung*)

Kastanien

Für Anna Margarete

Ich sitze nach herbstkühlem Bade am Fluß
und schleudre Kastanien wie einst als Knabe,
bis ich die Schritte vernommen habe,
das knisternde Kleid und den raschelnden Fuß.

Ich tauche die Finger in offenes Haar
und sehe die Wolken im Winde schäumen.
Leise entblättert sich mit den Bäumen,
was ich erlebt im verflossenen Jahr.

Ich sehe die Wolken sich dichter ballen
und knote die Locken mit spielender Hand.
Geflügelte Früchte wehn sonnenverbrannt
von Eschenzweigen. Kastanien fallen

mir über die Schulter und ihr in den Schoß.
Ich breche die Stacheln und löse die Schale
und werfe die Kerne zum zweiten Male
über den Fluß mit weicherem Stoß.

(*1. Fassung*)

So kam die Nacht

So kam die Nacht: Sie stieg vom Tal herauf
und hing das Dunkel in die lichten Wipfel.
Die spielten's höher, warfen's über Gipfel
und droben fing's der weite Himmel auf.

Die Schatten krochen aus Gebüsch und Tann,
aus Tobeln, Schluchten, die die Hänge queren,
und löschten sanft das Rot der Vogelbeeren,
den Schein des Wassers, der vom Felsen rann.

Sie traten aus das feuergelbe Laub,
die matte Glut, die in den Gründen träumte.
Nur drüben, wo der Wasserfall sich bäumte,
da schimmerte noch hell der Silberstaub.

Die Kühle wehte hoch und wischte sacht
des Tages Wärme von den müden Halmen,
und tiefer, tiefer sanken rings die Almen
und schmiegten sich in Arm und Schoß der Nacht.

Bergabend

Wetterwände stürzen ein.
Nebel zieht die Schleier dichter,
und im Spiel der letzten Lichter
lächelt schmerzlich das Gestein.

Wolken knien auf bleichem Hang.
Himmelgreifend beten Tannen,
um die Geisterflut zu bannen.
Eine Latsche duckt sich bang.

Schon entsinkt der nahe Grat.
Farben sind ins Grau zerronnen,
und ich suche eingesponnen
durch die Dämmerung den Pfad.

Herbstmorgen

Der wache Tag hebt strahlend sein Gesicht
aus grauem Dunst ins dünne Blau empor.
Die Bäume fangen den zerrißnen Flor,
der wallend sich um ihre Äste flicht.

Die Äste greifen sich verschränkend aus
und scheinen Kuppeln wölbend hochzuschwellen.
Sie seufzen auf wie tragendes Gebälk.

Und draußen schimmern Teppiche des Taus,
bis Wolken doldig aus der Bläue quellen.
Das Licht wird überreif und matt und welk.

Oktobertag

Der Nebel fällt, aus grauen Fluten steigt
sonnübergüldet eine helle Halde,
umschlossen rings von kühlem Eichenwalde,
aus dem sich lächelnd eine Birke neigt.

Vereinzelt hängt noch kupferbraunes Laub.
Das Astwerk krümmt sich in verrenkten Posen.
Am Bachgrund welken letzte Herbstzeitlosen.
Ein Bussard kreist; gespannte Kraft sinnt Raub.

Nackt ragt ein Stamm, schaut fragend auf ins Blau,
ein schwarzes Zeichen, eine Hieroglyphe.
Noch wirrer sprechen Schatten in der Tiefe.
Auf fahlem Farn glänzt lichterfüllt der Tau.

Nordsee

Öd wölben Dünen sich wie Leichenhügel,
salzflutdurchnäßt, vom Wasser hochgespült,
vom Wind gehäuft, von Stürmen wild zerwühlt.
An Kieferstrünken hängen Möwenflügel,
die bleiches Morgenlicht umspielt.

Das Land verdüstern schwere Wolkenschatten.
Im dürren Strandgras schauert leis der Wind.
Es summt der Sand, der durch die Halme rinnt.
Aufatmend dampfen die befreiten Watten,
die scheu der Flut entstiegen sind.

Ins Graue greifend weitet sich die Küste.
Aus ihren kalten Armen flieht das Meer.
Es rollt hinaus, verrauschend, götterleer,
und schlägt zurück an weiche Dünenbrüste
in kampfesmüder Wiederkehr.

Der Baum am Meer

In deinem Stamme steigt die Macht der Erde,
die zähe Kraft, die sie im Kampfe fand,
der Wille, der dem Griff der Wogen wehrte.
Dein Wuchs ist Form gewordner Widerstand.

Wenn aus der Erde auch die Wurzeln quellen,
so schäumt in deinen Säften doch das Meer.
In allen Ästen schwingt der Geist der Wellen,
schwingt in die Wolken, winkt die Wolken her.

Die kühnsten Zweige greifen nach den Sternen.
Du bist nicht Erde, bist nicht Meer, bist Baum!
So stehst du zwischen endlos weiten Fernen.
Du stehst allein, was um dich lebt ist Traum.

Helles Lachen

Helles Lachen, in den Sand geworfen,
sammelt sich in meiner feuchten Spur.
Als ich wieder dünenabwärts steige,
um die Sonnenglut im Meer zu löschen,
steht es trocken in den alten Stapfen,
weiße Körner, salzgewordnes Lachen.

Die es zwischen meine Beine streuten,
sind verschwunden. Auch der Wind
trägt keine Stimmen mehr zu mir.
Wo sie lagen, in den Mulden,
ließen sie nur schwarze Muscheln,
leere schwarze Muscheln da.

Einsam

Viele Frauen sind mir ausgewichen,
und nur wenige sind leis genaht.
Nur wer blieb, bis Stern um Stern verblichen
und die Sonne aus den Nächten trat,
schloß mich auf. Doch manche ist erfroren
an der Kühle, die sie nicht durchstach,
sank als Stein in mich, bis sie verloren
irgendwann aus meinen Träumen brach.

Und nur einige sind es gewesen,
die sind aufgeglüht und stumm verbrannt
und hineingeschmolzen in mein Wesen,
das vor ihnen leuchtend offen stand.

Und auch diese schürten nur das Sehnen
nach dem einen nie gekannten Glück,
ließen nur die Asche und das Gähnen
echoloser Einsamkeit zurück.

Doch die Schatten der zu früh Verglühten
fallen manchmal über mich herein.
Wenn sie mir begegnen, ist in müden,
weichen Zügen noch der Widerschein
unsrer Nächte, und auf ihren Stirnen
steht die Sehnsucht, die auf meiner steht,
spiegelnd unter fallenden Gestirnen,
bis das lose Haar sie überweht.

Schicksal?

Wörth am Main, November 1945

Lautlos fließt der Strom,
dunkler als die Nacht.
Nur ein Ferge wacht,
der von drüben winkt.

Ist es ein Phantom?

Die Laterne blinkt.
Und sie spiegelt sich
als ein Wellenstrich.
Lautlos fließt der Strom.

Herbstvariationen

Oktober – November,
Tage des blutiggefärbten Laubs,
Monat der Gärung,
Wochenbett reifer Revolutionen,
aufschlagender Früchte, zerstampfter Äpfel,
gekelterter Trauben!
Rostrot, totgelb und grau.

Bitterer Eiswind und katzenhaft,
frühlingshaft schmeichelnder Föhn
prallen zusammen, balgen und mengen sich.
Im Sonnensog säult sich der Staub,
jäh überzittert dann
von Vorhängen süßkalten Schneegeflocks.
Nebelgebräu, zerknüllte Schwaden.
Bald wieder kobaltblau, tiefhängend
der Himmel, von Fischen durchsprungen.
Tau, der Angstschweiß der Erde,
verdunstet im Lichte.

Fliegen taumeln giftmüde,
zucken ein letztes Mal auf.
Singvögel fliehen
durch feindliche Himmel,
ziehn Linien der Trauer, diagonal,
Pfeile der Sehnsucht,
Tangenten am Traumkreis.
Ein Punkt: der Habicht stürzt ab,
gieräugig, raubtrunken.
Hungermord, Lustmord,
Todesahnung, Tötungsrausch!
Unterm Wermutgeruch

über zerfallenden Herbstzeitlosen
tausendfältig mörderische Umarmung.

Auch in den Nächten
hinter erblindenden Scheiben
giftschwere Küsse, würgend,
verzweifelt verstrickte Glieder
in wütender Verschränkung.
Immer nähere Nähe suchen
tödlich Vereinsamte.
Lichtfremde, tierwarme Glut
unter froststarren Decken
und entgleitendem, entblättertem,
abfliegendem, abstürzendem Gefühl.

(Julikäfer, Julikinder, rotwangig,
Johannisbeeren, Safranlilien,
gaukelnde Falter,
auskriechende Raupen,
Geleucht von Rosen!
Hände, dankbar wieder und streichelnd,
schmetterlingsleichte Küsse,
kirschensüß, pfirsichweich,
von liedbehangenen Lippen.
Welt in der Schwebe
ausgewogenen Gefühls.
Es lächeln die Kinder und Götter.
Neun Monde, höllennah, ewigkeitsfern,
wer überdenkt sie?)

Novemberumarmung!
Steinschwere Glieder
lösen sich nicht
in alpstarren Nächten, traumlos
nach liedlosem Abend.
Abflug der Vögel.

Maulwürfe graben sich tiefer,
Raupen puppen sich ein.
Fühllos schlagen die Güsse
hektischen Regens
das saftleer gekuschelte Laub
und geborstene Früchte.

(*1. Fassung)*

Herbst

Ein Alter geht durch die Allee,
so Schritt für Schritt
und Schritt für Schritt.
Sein Knotenstock klingt hell auf Stein,
sein Knotenstock sticht knirschend ein.
So Schritt für Schritt,
so Schritt für Schritt.
Und welke Blätter rauschen mit.

Ihm folgt ein Mönch den weiten Weg,
so Schritt für Schritt
und Schritt für Schritt.
Die Kutte bebt bei seinem Gang.
Die Welt schwingt ihm im Glockenklang.
So Schritt für Schritt,
so Schritt für Schritt.
Und welke Blätter rauschen mit.

Im Dämmer wandert die Allee,
so Schritt für Schritt
und Schritt für Schritt.
Die Äste wiegen sich im Takt.
Hier einer stöhnt, dort einer knackt.
So Schritt für Schritt,
so Schritt für Schritt.
Und welke Blätter rauschen mit.

Eine junge Frau an ihren gefallenen Mann

Du bist noch wie einst in meinem Zimmer.
Aus den Spiegeln lächelt dein Gesicht.
Doch der Tod, der dich ergriff im Schimmer
frühen Rots, der spricht mit leisem Singen
nun statt deiner auf mich ein. Im Schwingen
meines Atems löscht er Licht um Licht.

Warum hast du mir das Leben dagelassen
und die Sehnsucht, die mich niederbiegt?
Warum irr ich noch durch leere Gassen?
Liebster, bist du drüben auch verloren
an Vergangenes? Was ungeboren
zwischen dir und mir im Dämmer liegt,

Wächst es auch aus deinen Traumgebärden,
fühlst auch du es stumm bei jedem Schritt?
Deinen Tod gabst du mir zum Gefährten
meiner Nächte. Und an langen Tagen
muß ich ihn auf meinen Schultern tragen.
Warum nahmst du deinen Tod nicht mit?

Wir sind die Söhne gnadenloser Zeit

Wir sind die Söhne gnadenloser Zeit.
Wir waren schon als Kind des Tods Gespielen.
Die Zauberwelt der Märchen war so weit,
der kalte Strom des Grauens war so breit,
auf dem gelenkt von unsrer Träume Hand
die schmalen Boote unsrer Sehnsucht trieben,
daß sie nur selten mit verirrten Kielen
hinüberfahren an den fremden Strand
und sich vergruben in den weichen Sand
des Spiels; bis uns erneut mit wilden Hieben
der Wind des Hasses in die Wogen stieß
und uns den blinden Strudeln überließ.

Wir sind die Söhne gnadenloser Zeit.
Wir spielten nicht mehr mit den Ackerkrumen.
Sie mischten sich in unser graues Kleid.
Sie mischten sich in unser frühes Leid.
Die Waffe wurde unser Wanderstab,
mit dem wir in die fernen Länder zogen.
Wir legten stumm die ersten Frühlingsblumen,
die einst die Knabenhand dem Mädchen gab,
mit klammen Fingern auf der Freunde Grab.
Die Blüten, die sich uns entgegenbogen,
verbargen nicht geheime Liebeslust.
Sie deckten nur die Angst in unsrer Brust.

Wir sind die Söhne gnadenloser Zeit.
Noch sind uns Not, Gefahr und Haß Gespielen.
Die Welt der Schönheit ist noch immer weit.
Der Strom des Elends ist noch immer breit.
Noch mengt der Wind die Asche und den Sand
zerfallner Wohnstatt in den Staub der Blüten.

Nur auf dem Meer, in das die Sterne fielen,
die einst wir in den Himmel eingebrannt,
irrt noch ein Boot und sucht das blaue Land
des Traums. Die Sehnsucht hält mit ihren müden
verkrampften Händen noch den Ruderschaft.
Der Sturm liegt still. Das Segel ist erschlafft.

In der erlöschenden Flamme

In der erlöschenden Flamme der Zeit
rieselt der Kalk von den Mauern,
knacken die Balken, knistert das Laub,
wachsen die Wolken von Rauch und Staub,
ballen sich auf in die Ewigkeit.
Denn nur der Staub wird dauern.

In der erlöschenden Flamme der Zeit
schmelzen die ehernen Schranken,
glühen Metalle, splittert das Glas,
flüchtet Verbranntes in leuchtendes Gas.
Herzen stehen noch einmal weit
offen für große Gedanken.

In die erlöschende Flamme der Zeit
fallen die letzten Gebete.
Schreie zerspellen, Gelächter verzischt,
ehe das herbstliche Feuer erlischt.
In die Gestirne versprüht das Leid,
das mit der Asche verwehte.

Winter

1941/42

Weit und weiter spannt sich rings die Au,
bis sie in des Himmels blasses Grau
sich verlierend überfließt.
Hell und heller sirrt der Wind aus Ost,
schärfer schneidet durch die Luft der Frost.
Wie gestockte Milch verschließt

sich der See. Aus nacktem Weiß
schraubt sich krumm und kahl am Hang der Wald,
schwarz, gespenstisch, eine Schreckgestalt.
An die Äste saugt sich Eis.

Totenvögel heben sich erschlafft.
Schwarze Schwingen schlagen schattenhaft,
Hunger aus den Kehlen bellt.
Eine Wettertanne wiegt sich bang
nach des Windes irrem Grabgesang.
Lebt sie noch, die alte Welt?

Am winterlichen Weiher

Kein Strahl durchbrach des Himmels Grau.
Das Land lag starr und kalt und weiß,
und nur ein Leuchten stieg vom Eis,
das wie ein Hauch aus Silberblau

von Ufer sich zu Ufer spannt,
ein letzter Schimmer matten Lichts,
ein müdes Lächeln des Verzichts,
so abgeklärt, so abgewandt.

Ein Schwarm von wilden Gänsen hob
sich irgendwo, zerriß den Raum,
zerriß in schrillem Schrei den Traum,
der diesen Weiher still umwob.

Unruhige Nacht

Nach abgrundtiefem Drogenschlaf erwacht
rief ich nach dir und tastete ins Leere.
Metallisch kalt umspannt mich nur die Nacht,
spür ich nur ihre und die eigne Schwere.

Die Ohren rauschen noch wie Meeresmuscheln
von deinem Traumgeflüster, von der Flut
des Atems, die sie einst umspült. Es kuscheln
sich Kissen welk an mich, wo du geruht.

Vergebens suche ich dein Bild zu fassen,
Stirn, Haar und Mund. Die bröckelnde Kontur
des Lächelns löst es auf in Hohngrimassen.
Zu Fenstern ausgeweitet bleiben nur

die Augen da und blinken eisverkleistert
im fahlen Widerlicht von Schnee und Mond.
Das Zimmer wächst, von Schatten übergeistert,
als wär es plötzlich dutzendfach bewohnt,

als hätten sich, von dir emporgeschreckt,
aus meiner Brust Lemuren losgerissen.
Die Wände wanken linienüberfleckt.
Regale, Bilder tanzen und zerschlissen

bläht die Gardine sich, ein weißer Bauch.
Die Hosenbeine winken von der Kante
des Stuhls. Das Hemd steht knittrig auf. Ein Schlauch
darunter hingekrümmt, der Strumpf. Am Rande

der Tür steht lotrecht zwischen den Gestalten
des Dunkels noch ein Balken Lichts. Vergaß
ich drüben eine Lampe auszuschalten,
als ich vorm Schlafengehen Früchte aß?

Der gelbe Apfel, war er nicht von dir?
Der Nachgeschmack, die Herbstgefühle gären
gekeltert und mit Gift versetzt in mir.
Der Wein wird herb, mag ihn der Winter klären.

(2. Fassung)

Im Chaos

Für Hans Werner Richter

Warum hängen die Kreuze
alle schief in der Nacht?
Nackt sind die blutenden Leiber,
nackt die Gesichter
und nackt ist der Gott,
der enthüllte.
Kalt sind die Feuer
und frieren wie Sterne
im saugenden Raum.
Rot sind die Dome und Tempel,
rot die Altäre.
Über die Schultern schlug
den Göttern das Blut,
das auf Gesetzen und Büchern verkrustet.
Und der Haß
schwemmte den Traum
von der Liebe hinweg.

Schief steht das Kreuz,
das über Millionen Kreuzen stak.
Leer sind die Balken
und nur der Schrei
klebt in der Luft,
so grün und so laut
wie die Scheibe des Monds.
Doch der Himmel,
der Himmel hängt noch
unter der Erde.
Und die Sonne,
die Sonne schwimmt noch
unter den Nächten.

Und zwischen den Sonnen
und Nächten und Himmeln
steht noch der Mensch,
steht noch der Mensch in den Nebeln,
steht noch der Mensch im Gewölk.

Hier und dort drüben und drunten
ist noch einer, der glaubt,
glaubt, daß alles zerreißt,
der das Brodelnde, Gärende,
Sonne, Himmel und Nächte,
Nebel und Rauch
in sich schlägt und es bannt.
Und er wird als Überwindender stehn
in den gähnenden Räumen,
und er wird sein,
sein, wie noch niemals
Menschen gewesen sind.

Schräg im Nichts

Ich stehe einsam
im Meer der Töne.
Die Glocken schwingen
durch mich hindurch.

Ich trinke einsam
im Fluß der Zeiten.
Die Spiegel fangen
mich schwebend ein.

Die Nächte fallen
gelassen nieder.
Die Nächte heben
mich trunken auf.

Die Sterne stürzen
in mich hinein.
Und Sterne brechen
aus mir heraus.

Mit schmerzender Hand
am Buge des Monds
häng ich befreit
schräg durch das Nichts.

Planeten tanzen
um meinen Leib.
Die Fernen kühlen
an mir herauf.

Die Feuer brennen
an mir herab.
Die Funken sprühen
ins Weltall ab.

Gelächter klimpern,
die Schreie zischen,
Gebete irren
hinauf, hinab.

Die Götter wachsen,
die Träume wachsen,
die Toten wachsen
in mich hinein.

Mit glühender Faust
am Buge des Monds
schwebe ich frei
schräg durch das Nichts.

Die Züge rollen weiter

Gestern stand einer
mit seinem Rucksack allein
in der stahlüberwölbten
Halle des Bahnhofs,
lachte und lallte ein Lied.
Gelehnt an die Säule
der Phantasie
stand er im Strom
der Gehetzten und sang
und versäumte den Zug.

Losgeschraubt vom Getriebe
zerrieb es ihn nicht.
Kein Signal und kein Pfiff
schreckte ihn auf
und kein Ruf
aus den Lautsprechern
der genau regulierten
Sinnlosigkeit.

Ich winkte ihm nicht,
schwamm weiter im Strom,
über Stufen und Trittbrett
hinaufgespült in den düstren Waggon,
der unter mir fortglitt.
Im stoßenden Rauch
verwehten die Tücher
und Tränen des Abschieds.

Hineingezwängt
zwischen dampfende Körper,
irrlichternde Augen,
schwankende Netze,

umfaßte ich dann
minutenlang
den rotgelackten,
staatlich plombierten
Bügel der Bremse
mit zögernder Hand.

Der Boden glitt weiter
unter mir fort.
Und über mir las ich
weiß auf rot
»Bremse« und »Not«
und . . . »Gefahr!«

(2. Fassung)

Der Friedhof

Durch die Häusergerippe hat sich quer
das Eis in die Risse gedrängt.
Nun bröckelt das tote Gemäuer nicht mehr.
Der Schnee hat die Gräber verhängt.

Die granatenzerbissene Erde ist hart.
Der Frost hält die Bäume umkrallt.
Nur der Wind, der die schütteren Äste narrt,
nur der Wind hat noch immer Gewalt.

Und die hölzernen Kreuze bücken sich steif
unterm singenden Atem aus Eis.
Er schüttelt von ihren Schultern den Reif
und mischt ihn ins tiefere Weiß.

Und er trägt in seinen Haaren den Rauch
und die Asche der Stadt in die Flur
und wischt mit unerbittlichem Hauch
ins Reine die schwärzliche Spur.

Die Zisterne

Zypressen züngeln hoch in helle Nacht,
im Lodern jäh erstarrte schwarze Flammen,
die aus den Tiefen heißer Erde stammen,
von dunkler Kraft zu starker Glut entfacht.

Sie wachen stumm, vom Mondlicht überbleicht,
bei einer längst vergessenen Zisterne.
Aus kühlem Schachte blinken matt die Sterne,
in die verloren eine Kette reicht.

An diese Kette bind ich meinen Krug.
Er taumelt blind und gleitet in die Tiefe.
Da rauscht es dumpf, als ob der Urgrund riefe.
Auf steigt geschöpfte Fülle Zug um Zug.

LICHTWECHSEL
Gedichte 1949 bis 1955

Tage

Auf der Schwelle der Tür

Variation eines Motivs von Gottfried Benn,
zu seinem 65. Geburtstag geschrieben.

Immer
sind wir
zwischen dem Dunkel und zwischen dem Schimmer
des Lichts,
auf der Schwelle
der Tür, am Rande
des Nichts.

Die Helle,
o wie sie uns manchmal trifft für Sekunden,
Minuten,
in denen Gott lebt!
Wir bluten
und – zaubern und brausen.
Das Dasein, das Versmaß schwebt.

Nie
zögern die Stunden,
in denen uns wieder die Ohren sausen
vom Sogwind der Leere –
ein Ton, monoton,
eine müde Schwere,
– Melancholie.

Schmal
ist der Rain.
Wir tanzen in Trance am Rande.
Das Dunkel
schlägt über uns zu. Wir graben die Konterbande
erbeuteten Lichts in uns ein.
Der Rest, das Gefunkel
der Taten wird schal.

Tag

Die Nacht fließt ab in andere Gebreiten.
Mit weißen Reihern fliegt der Tag empor.
Die Wolken öffnen ihm ein gelbes Tor.
Auf roten Meeren wechseln die Gezeiten.
Die Segel füllen sich mit blauen Weiten.
Der Mond ertaubt, ein abgestorbnes Ohr.

Die Himmel tauschen, und die Bilder fluten
in uns hinein in ihrem neuen Licht.
Schon schlägt die Sichel an, die Halme bricht.
Aus Traumesschlacken, halb veraschten Gluten,
die in den Schlünden des Bewußtseins ruhten,
erwacht die Welt noch einmal zum Gedicht.

Der Föhn

Die Gelenke der Bäume knarren verknöchert
im Griff des Föhns. An Fenster und Wände
schlagen kraftlos die schwarzen Hände.
Der Schnee auf den Dächern ist regendurchlöchert.

Ihm ist seine weiße Farbe genommen.
Er drückt auf die Rinnen. Er bröckelt herab
in den Sumpf der Straße wie in ein Grab,
in das der heulende Föhn beklommen

die Schaufel leert: Der Winter ist tot.
Aus seinen zerschlissenen Decken tauchen
Inseln, auf denen Krater rauchen,
die Ziegel der Dächer in brandigem Rot.

Vormittag

Aus feuchten Kelchen strömt es dir entgegen,
die Wut der Farben, ihr Geruch und Rausch.
Noch gärt die Erde nach vom letzten Regen.
Die Horizonte bluten aus im Tausch

des Lichts. In dir verglimmt die Dämmerstunde.
Du siehst die Schatten, die dich überdeckt,
nun unter dir gesammelt, tief im Grunde
des Tals. Die Nacht hat sich in dir versteckt.

Die Himmel täuschen dich, und die Alleen
verschränken sich, von Laub und Staub verschleiert.
Du weißt nicht mehr, durch welche sollst du gehen,
und starrst ins Blühn, das satt sich selber feiert.

In aufgewölbter Bläue, die du streifst,
suchst du des Mondes leergetrunknes Horn,
erkennst, daß du nur in den Nächten reifst,
und gehst ins Haus. Die Sonne bräunt das Korn.

Schwarz und Weiß

Noord-Holland

Wie Tiere aus nächtlichen Welten,
schwarzbäuchig und weiß gefleckt,
sind Kühe unter den Zelten
der Wolken ins Grün gestreckt.

Schwärme von Möwen und Krähen
kreuzen sich diagonal.
Westliche Winde blähen
die Segel auf dem Kanal.

Mit Dünensand überwehen
sie Gräber der Widerstandszeit.
Die Flügel der Mühlen drehen
den Staub durch die Ewigkeit.

Variationen über Rot

I.

In den roten Farben ist Gott,
im Blut, das das Herz in die Adern stößt,
unter vereinigten Lippen
und auf der Haut, die in Scham sich rötet.

In den roten Blumen wächst Gott,
im flüchtigen Brand des Mohns,
in der Rosen wütender Glut,
im herbstlichen Feuer der Astern.

In den roten Früchten reift Gott,
unter der prallen Haut der Tomaten,
im rosigen Fleisch der Wassermelone,
in der Kirschen Süße, der bitteren Vogelbeere.

In der roten Sonne brennt Gott,
in den Fackeln der Frühe,
im Glutball des Abends,
im Flammenstrich auf des Wassers gelöster Haut.

Miß die Zeit am rinnenden Blute der Frauen!
Schmecke am Rot der Blumen die Lust!
Sauge die Reife aus glühender Frucht!
Spüre den Wandel am Röten der Sonne!
In den roten Farben ist Gott.

II.

(Antithese)

Die Häuser ertrinken in Rosen,
die Felder verbrennen am Mohn.
Die roten Farben tosen
so laut in die Stille!
Enthemmt ist der Wille.
Der Knecht tritt die Katze,
er schlägt nach der Stute,
er preßt die Rute
des Hunds in der Hand
und tötet die Mücken,
Zikaden und Käfer. Er raubt
sich die Falter, die ihn berücken,
zerreibt sie zu Staub,
über Rosen und Mohn.

(2. Fassung des Gedichts »Rot«)

Es wandern die Schatten

Hirschkäfer kämpfen im Moos.
Singen die Mücken so tief
von deinem Blut?
Noch birgt der Stein die Glut
des Mittags. Im Blütenschoß
saugen noch Immen.

In der Röte des Abends verschwimmen
die Wolken. Es wandern
die Schatten. – Schief
breitet ein Kreuz der Schatten
des Wegweisers über uns hin.
Was wir gelitten hatten,
einer am andern,
war's ohne Sinn?

Im Wasser des Bachs meine Hand
wird kühler, wird kalt.
Die Welle, ich halte sie nicht.
In ihr zerrinnt mein Gesicht,
so fremd und uralt.
Hast du mich jemals gekannt?

Am Sonntagnachmittag

Unter ihren Schenkeln den Motor,
um die Hüften Mädchenarme,
jagen phallische Dämonen
durch die götterleeren Straßen.

Ihre aufgestauten Aggressionen
lösen sich im Rausch der Schnelligkeit,
brüllen durch das Auspuffrohr,
wirbeln Gas und Staub in unsre Nasen,
streifen lüstern an die Todeszonen
und zerspellen Raum und Zeit.

Interieur

Tapeten in Ocker, mit Sepia
dunkel besprengt und gemustert,
in Vasen und Töpfen geborgenes Grün,
Geranien, Gummibaum, Clivia,
Zinnoberrot, Purpur und Ultramarin
über die Blätter geplustert.

Exotische Nippes, Phiolen, Kakteen,
vertrocknetes Gift, gebrochene Stacheln.
Ein Samowar und ein Krug aus Athen
auf dem Sims vor den Delfter Kacheln.
Und hinter den spiegelnden Plexiglaswänden
das Farbspiel der Fische und Maden.

Der Blütenstaub und Staub von den Bänden
Jean Jacques Rousseaus vermengt mit den Schwaden
des Rauchs malt Säulen und Gitter
vors späte Licht.
Die Asche im Becher, im Tee der Traum
von brauner Weite und Wolkenschaum
wird schwarz und kalt und bitter
und löst sich nicht.

Alles fließt

Hast du eine Nachmittagsstunde lang
ins Fließen der Seine geschaut,
erkennst du die Häuser am Kai
als Schollen gefrorenen Wassers,
gleitende Blöcke im Strom, im Wind,
zerbrechlich, spaltbar und schmelzbar.

Die mündenden Straßen sind Kanäle,
Wellen die Äste der Uferplatanen,
Schaumkronen das Laub
und Planken die Bänke darunter,
auf denen die Liebenden treiben,
hinaus aus der Stadt,
aus der Zeit, aus der Haut,
Wellen auch sie,
die sich heben und senken,
Wellen, in denen sich Strahlen brechen
und widerspiegeln von einer zur andern.
Sie spielen sich tanzende Korken zu
und fangen die springenden Fische auf,
während die alten Angler drüben
mit leeren Händen zerfließen.

Gefrorenes Wasser
sind auch die Brücken
unter den schwimmenden Wolken,
dem strömenden Himmel.

Am Seine-Ufer des Bois de Boulogne

Ich tauchte die Finger ins Wasser der Seine.
Sie spülte mir Wellen des Mains in die Hand
aus der Kindheit herüber, und Ufer und Bäume
des fränkischen Hains verschwammen darin
mit dem Bois de Boulogne. Ich warf Kastanien
wie einst als Knabe ziellos über den Fluß.

Nur eine flog bis ans Quai de Surêsnes,
als ich die Schritte vernommen habe,
das knisternde Kleid und den zornigen Fuß,
der gerötetes Laub auf die Böschung stieß
und die dornigen Ruten niederbog.
Ihr Lächeln kreiste gedehnt im Strom
dem Fischer ins Netz. Er zog es ins Boot.

Ich tauchte die Finger in ihr Haar,
wühlte es auf und sah die Wolken schäumen
im Wind. Von schrägen Strahlen durchleuchtet,
vom Staub der Erde gesüßt
und bitter zugleich vom Meersalz gefeuchtet,
entblätterte er mit den Bäumen,
was wir erlebt im verflossenen Jahr.

Ich sehe die Wolken sich dichter ballen
und knote das Haar mit spielender Hand.
Geflügelte Früchte wehn sonnenverbrannt
von Eschen- und Ahornzweigen. Stechäpfel,
Eicheln und neue Kastanien fallen
mir über die Schulter, ihr in den Schoß.

Sie bricht die Stacheln, ich öffne die Schale
und schleudre die Kerne zum zweiten Male
über den Fluß mit gelösterem Stoß.

Sie erreichen das andere Ufer, prallen
auf Trommeln und Zangen der Angler,
die drüben Krebse fangen, springen zurück
und fallen weich in den Schlick.

(2. Fassung von »Kastanien«)

Springfluten

Ein Torso, Scherben vor den Tempelsäulen.
Orangen fallen grün ins Mittelmeer.
Am Horizont die Flucht von schwarzen Gäulen,
ein Berg, in sich gesammelt, schwer,
trägt auf den Schultern eine Last von Blau.

Die Sonne stößt mit Zangen ihre Gluten
in unsre Nervenstränge, saugt den Tau
der Nacht aus gelben Zistusrosen. Fluten
springender Wellen streuen Sand und Salz
in unsre Augen, zwischen die Lippen
und ins Haar. Die Schatten des Pinienwalds
schraffieren schwarz die weiß gespülten Klippen.

Die Trauben bluten. Mandeln und Oliven
verbittern unsren Abschied auf der Zunge.
Bezwing die Götter, die dich zu mir riefen
und blas den Marmorstaub aus deiner Lunge!

Mittag im Vaucluse

Auf der Mauer des Friedhofs
balgen sich Katzen,
schwarz ineinander verknäult.
Zypressen, die Finger der Toten,
deuten ins Strahlengeflecht
der Lichtspinne.
Ungeheuer
dehnt sich ihr
flimmerndes Netz.

Vögel stoßen vergebens
gegen die Maschen.
Mit Fäden des Lichts
im Gefieder und Wellen
des Lichts in den Kehlen
falln sie zur Erde
zurück. Auch
du bist gefangen.

Blau tropfen die Trauben
den Weinberg hinab
zum bleichen Gerippe
des Stroms.

Die Linien und Flächen
verbrannten Ockers
zeigen dir immer
die gleichen Gesetze
der Geometrie.

Aus den Gehöften
lodert Gebüsch.
Bis in den Schlaf

der Fliegenden Hunde
tönt der gestufte
Akkord des Verfalls:
Auch du bist gefangen.
Rot tropfen die Trauben
den Weinberg hinab.

(1. Fassung)

Zufälle

Die angelesenen Bücher,
das Bild von Raoul Dufy.
Ich bin nicht allein.

Das Portrait von Brigitte
fiel von der Wand
vorgestern nacht.
Ich hatte den Nagel
nicht tief genug
in die Mauer geschlagen.
Kalk bröckelte nach.

Zwischen den Zeitungen, die
vom Streik der Metall-
arbeiter, vom Fall
neuer Bomben auf Seoul
berichteten, lag
gestern ihr
Abschiedsbrief.

Zufälle? Wer
wirft sie zu?

Ich legte den Brief
in das offene Buch
eines chinesischen Dichters.
Ich gab den Artikel
für die Gewerkschaftszeitung
nicht ab.

Ich ging hinab
an den Fluß

und fütterte
Tauben mit Brot.

Die letzten Krumen
auf Wellen gestreut
haschten die Möwen.

Zwischen Gewittern

Grün, grau, grün – das Laub,
tausendsäulig und tausendarmig
gestützt.

Und sie trägt auch mich,
diese Erde,
elternlos, säulenlos, götterlos,
einen Gewittergeborenen.

Der Halm zittert
bei meinem Tritt.
Bäume schütteln das Haar.
Schluchten spalten sich tief.
Tauben gurren auf Hügeln.

Stromlauf, Welle,
Springfisch!
Trunken gurgelt die Flut.
Sturzbach, Blutsturz,
Gischt auf der Hand.
Und die Stille des Sees
birgt mein vergangnes Gesicht.

Manchmal der Strahl
des Gestirns
schräg überm Haar.
Zwielicht im Aug,
brauenlos, schattenlos,
klirrendes Licht.

Dunkel wieder Gewölk
auf den Schultern,
Donner im Ohr,

Biß in den Blick,
Irisriß: Blitz!

Von Himmel zu Himmel
der schimmernde Bogen
der Sonne, ein Wurf:
Siebenfarbig das Tor,
offen! – Oh,
drunten orgelt
der Sturm.

(2. Fassung von »Der Gast der Erde«)

Herbstvariationen

Oktober – November
blutiges Laub,
Monat der Gärung,
der Revolutionen
aufschlagender Früchte,
zerstampfter Äpfel,
gekelterter Trauben!
Rostrot, todgelb und grau.

Eiswind und Föhn
prallen zusammen.
Im Sonnensog
säult sich der Staub,
jäh überweht
von Vorhängen –
Schneegeflock, Stores –
Nebel, Schwaden, zerknüllt.

Bald wieder kobaltblau,
tiefer der Himmel,
von Fischen durchsprungen.
Tau, der Angstschweiß der Erde,
Tau verdunstet im Licht.

Fliegen verzucken.
Singvögel fliehen
durch feindliche Himmel,
ziehn Linien der Trauer,
diagonal,
Pfeile der Sehnsucht,
Tangenten am Traumkreis.

Ein Punkt:
Der Habicht stürzt ab.
Hungermord, Lustmord,
Todesahnung, Tötungsrausch!
Unterm Wermutgeruch
über den Herbstzeitlosen
tausendfach mordend
Umarmung.

Auch in den Häusern
hinter erblindenden Scheiben
giftschwere Küsse.
Wütend verschränkt
suchen nähere Nähe
tödlich Vereinsamte.
Lichtfremde, tierwarme Glut
unter froststarren Decken
und entgleitendem, entblättertem,
abfliegendem, abstürzendem
Gefühl.

(Julikäfer, Julikinder, rotwangig,
Johannisbeeren, Safranlilien,
auskriechende Raupen, Falter,
Geleucht von Rosen!
Hand rührt an Hand,
Lippe an Lippe,
schmetterlingsleicht,
kirschensüß, pfirsichweich,
von Liedern behangen.
Welt in der Schwebe
runden Gefühls.
Es lächeln die Kinder
und Götter.
Neunmal der Mond,

höllennah, ewigkeitsfern,
wer überdenkt es?)

Novemberumarmung!
Steinschwere Glieder
lösen sich nicht
in alpstarren Nächten,
traumlos
nach liedlosem Abend.

Abflug der Vögel.
Maulwürfe graben
sich tiefer.
Raupen puppen sich ein.

Es schlagen die Güsse
hektischen Regens
das saftleere Laub
und geborstene Früchte.

(2. Fassung)

Nächte

Die Frucht

Gestern hab ich den Mond
vom Himmel gepflückt
und über die Äpfel gelegt.
Von Trauer und Licht bewohnt
hat er sich leise bewegt.
Ich hab ihn zerstückt.

Auf blauer Schale ein Rest
erloschenen Golds
und Brandmale in der Hand
blieben vom nächtlichen Fest.
Ein Schimmer noch rings an der Wand,
gemasert ins Holz.

Nächte des Jahres 1951

Schon die dritte Nacht
liege ich wach,
und heute weiß ich,
auch die Toten
schlafen nicht.

Hört ihr die Motoren singen:
ran an den Feind?

Der Krieg zog hier
vor sechs Jahren vorbei.
Der Krieg geht drüben
seit einem Jahr
weiter.

Ich gehe ans Fenster
und sehe den Mond
auf dem Totenschädel
der Stadt.

In den Augen des Schädels
nisten Laternen:
Corona-Bar
und das Café Blum.

An die Schädeldecke
schlägt das Gelächter,
schlägt die Musik,
schlägt der Gesang:

Hört ihr's in den Ohren klingen:
ran an den Feind?

Sie suchen die Nachthimmel ab,
sie suchen die Erdlöcher ab,
sie suchen die Meertiefen ab.
Aber den Feind
finden sie nie.

Jeder Schuß tötet,
auch wenn er nicht trifft.
Das Gewissen der Welt
trifft er immer.

Den Feind trifft keiner.
Ewig sitzt er
im toten Winkel,
zu nahe – bleibt er
unerkannt.

An die Schädeldecke
der fiebernden Städte
schlägt das Gelächter,
schlägt der Gesang.

Traumgespinst

Spinnen, rote schwarze Spinnen
überwandern deinen Leib.
Spinnen knistern siebenbeinig
schenkelab und hügelan.

Spinnen bedecken die Brust,
die Warzen zwischen den Zangen.
Spinnen lauern im grauen
Netz deiner Augen und saugen
das Licht in sich ein.
Spinnen verweben die Zehen,
Schwimmhäute zwischen den Zehen.
Spinnen verweben die Finger,
Flughäute zwischen den Fingern.
Schwebende Hände, segelnde Hände,
ein Fledermausflügelschlag:
Spinnen raffen die Fäden des Haars.
Die Königin, zwischen den Schenkeln
nistend, verknüpft die Netze.

Sie spinnt dich ein und webt
dich ein und hebt dich auf
so dämmergrau
ins Sternengrüne.

Manchmal

Manchmal,
wenn ich im Schreibtisch wühle,
das Holz mit Händen und Sinnen fühle,
wächst es zur Eiche zurück.
Die Stehlampe blüht wie ein Pfirsichbaum,
der schattendurchwirkte Teppich gibt Raum.
Alle Stühle dehnen sich,
die Regale sehnen sich
zurück.

Als Blätter hängen die Bücher daran,
als Fahnen hängen die Tücher daran.
Und das beschriebene, leere, zerknüllte Papier
neben mir, vor mir, unter mir,
raschelt wie grünes und braunes Gebüsch.

Ein Vogel, flattert darüber die Hand,
ein Kriechtier, gleitet die Feder hindurch,
wechselt die Farbe, die Wärme, ein Lurch.
(Versteckt perlen die Lieder,
erschreckt zucken die Glieder.)

Zu Fels wird die Wand,
ein Fenster zum Tal, das andre zur Schlucht,
sterneverhängt, mondlichtgetränkt.
Aus des Alkovens Bucht
schwimmt mir zu Traum und Flucht
die weiße Wolke entgegen.

In der Dämmerung

Das letzte Licht des Tags
hast du
in deine Augen gesogen.
Die Nacht quillt
aus deinem Haar
schwarz in die Dämmerung.

Ich aber kann den Tag
nicht mehr fassen,
und die Nacht
zerfließt mir
zwischen den Händen,
ohne Kontur, ohne Ufer.

Die Brücken
hat die Flut
überspült.

Vom Nebel gewürgt,
vom Erdrauch bedrückt,
lieg ich bei dir
und bin allein.

Uferlos, konturlos,
unfaßbar
treibst du dahin.
Dunkel verhängt
dein Haar mir
den Horizont.

Porträt

Fruchtweiches Fleisch in die Wülste des Haars
schwellend geschalt,
breit ladend gemalt
die Linien des Lippenpaars.

Augen, hinaus und zurück
lotend ins brodelnde Tief.
Brauen, vorkragend, schief
darüber, und haarwärts gewölbt ein Stück

von der Rundung der Welt, die Stirn.
Abgleitend der Schwung
der Nase, ein Sprung
ins Licht, gefangen vom Kinn.

Fleisch, Schatten und Licht,
aus Abklang und Keimnis,
halb Form, halb Geheimnis,
– ein Frauengesicht.

Rausch

Die Sonne glitt in unsren Krug und kreist
im Wein und kreist in unsren Adern weiter.
Der Abend tritt aus deinen Augen sanft und heiter
in den Garten, und wo du hinblickst, lösen
sich die harten Formen in weiche Schatten auf.

Du hebst die Hand, und Wein und Auge funkeln
mir heller zu. Wir tauschen Blick und Glas,
indes das Windlicht löscht, der Baum mit dunklen
Armen nach uns greift und sich das Gras
mit warmen Halmen uns entgegenbiegt.

Die Erde fängt uns auf, die Sterne wanken.
Berauscht ist alles, was hier wächst und fliegt.
Die Locken ranken sich ins Gezweig des Strauchs.
Die Raupen deiner Brauen tragen den Blütenstaub
auf meine Haut. Falterleicht streicht ihn
dein Lippenpaar in offene Poren, in mein Haar.

Die Wimpernflügel schlagen auf und zu.
Laut schlägt die Herzuhr unsre Stunde.
Ist es meine, bist es du?
Wir haben die Kerne des Ichs vertauscht,
in die Kirsche die Apfelsteine,
in den Apfel den Kirschkern verloren.

Die Rätsel dieser Nacht sind aufgegangen.
Gelöst durchflutet dich das Gras, der Wein,
das Laub. Die Silberdistel ist entfaltet,
das Knabenkraut verblüht, gealtet.
In mir gefangen sind die Eule, Hirsch und Fuchs.
Wir fallen schlafend aus dem Jetzt und Hier.

Die Nebelzunge stößt uns über Mispelbrücken
und Wolkenhügel auf den weißen Rücken
des Traumpferds. Ohne Zügel jagen wir
durch die goldne Herde des Löwen, Stier
und Luchs. Wir fliehen vor dem Widder
über den Drachenbogen auf den Delphin.
Wir schwimmen durch die Fische und ziehen
den großen Wagen in den Hof des Monds.

Laut gongt der Huf auf die Bronzescheibe.
Die Raupen unsrer Brauen tragen
den Sternenstaub von Haut zu Haut.
Die Wimpernflügel schlagen auf und zu.
Bin es ich, bist es Du?

Eines Nachts

Verschenkt sind die Blumen. Die Vasen
sind tief mit Vergessen gefüllt.
Verrauscht sind die gelben Ekstasen.
Die Fenster sind wolkenverhüllt.

Geruch ist noch da von den Blättern
der Rosen, die ich zerrieb,
und das Rot, das mir auf den Lippen
und zwischen den Fingern blieb.

An der Wand die Kontur eines Hügels
vom eigenen Schatten gestellt
hinter das Schwarz des Flügels,
den Glanz und die Trauer der Welt.

Der Schatten

Noch lag ich wach
in der Strömung der Schwermut,
als du im Schlaf
deinen Arm von mir nahmst
und langsam zurückbogst.

Ich sah an der Wand
den geduckten Schatten,
sah, wie er aufstand,
schwankend hineinwuchs
ins Bild deines Mannes.

Er pendelte schwarz
durch das starre Gesicht
der Photographie
und knickte zusammen.
Ich löschte das Licht.

Gärung

Rostige, schimmlige Nacht
voller Gärung und Modergeruch,
überwuchert von Fadensystemen
und Pilzen, in denen das Gift
der Träume sich sammelt,
die Hefe des Schlafs,
und weiterwächst ins Gebälk,
das den Nebel durchzweigt,
ohne Boden und Dach,
in den jungen Tag,
in den Sturm ohne Luft,
den Strom ohne Wasser,
den Rauch ohne Feuer.

Kreuzungen

Staubwölfe fressen die Reste
des Straßenbahngelbs. Es funkeln
die grünen Lichter im Dunkeln
durch gestikulierende Äste.
Schlafwandler, Säufer, Alleen,
Dirnen und ihre Gäste
hält kein rotes Signal
und kein Ruf an der Kreuzung der Straßen.
Sie wissen, wohin sie gehen.
Du hast die Wahl.

Die Nacht speit Sterne. Faul
leckt eine Meute von Hunden
die Spieglungen auf.
Die Zunge des Föhns stößt ins Maul
der Stadt und schmeckt den Geruch
von Moschus, Benzin und Gasen.
Die Zähne des Mondes beißen
ins Fleisch der Häuser, ins Tuch
der Schatten. Sie reißen
die Narben zärtlicher Stunden
traumblutend auf.
Gelb eitern die Wunden.

Kollektivträume

Wir saugen aus fremden Ammen
die Milch unsrer hungrigen Nächte
und reiten auf grünen Flammen
in lärmverschüttete Schächte.

Kentauren werfen die Lassos
der Angst um unseren Hals.
Gejagt von den Büffeln Picassos,
erlöst von den Engeln Chagalls

wirbeln wir durch die Räume
schäumenden Blaus und Rots.
In den Bodensatz unserer Träume
sickert die Farbe des Tods.

Lichtwechsel

Als ich hinaustrat
durchs Tor der Fabrik,
taub vom Gehämmer
der nächtlichen Schicht,
blind von den Lampen,
Signalen und Feuern,
blind von den Schäumen
flutenden Schlafes,
biß mir der Frost
die Ohren auf,
riß mir der Frost
die Augen auf.

Und aus den Gärten
erfrorenen Bürgerglücks
löste sich's schwarz, –
die Schwärme der Vögel
von der Sehne des Lichts
in den Himmel gepfeilt,

Aufschwünge ins Blau
einer plötzlichen Hoffnung,
ein schwirrender Ton
durch die knisternde Luft,
der Bogen der Sonne
ward sichtbar.

Hypnotische Helle
wuchs über die dunkle
Schraffur der Zäune,
über die zittrige
Schrift des Geästs,
über die Mauern,

die Pfähle, die Drähte.
Aus den Kaminen
stieg die verbrannte
Kohle der Nacht
in den heiteren Morgen.

TÜRKLINGEL
BALLADEN, BERICHTE, ROMANZEN
Gedichte 1955 bis 1958

Ballade von den schlaflosen Nächten

Die Straßen der Schlaflosigkeit
sind von Vogelaugen erhellt.
Von Simsen und Bäumen regnen
die Katzen. Sie fressen das Licht.
Der Vorhang ist aus Insekten gewebt.
Fallend trennt er die Bilder.
Ein Hund springt mich an.
Das Wasser im Graben ist tief,
und Kühe starren mir dunkel nach.
Die Mühlenflügel prügeln die Wolken.
Ein Rappe schlägt Feuer aus dem Asphalt.
Die Hähne fliegen hinein.
Hähne hacken nach meinen Augen.
Der Himmel hängt voller Bienen.

Auf die Straßen der Schlaflosigkeit
fliegen Pfeile und Kiesel,
ballen sich Fäuste,
spannen sich Schleudern.
Winnetou rupft das Gefieder der Krähe.
Am Marterpfahl schreit mein Bruder.
Sein bleiches Gesicht wird grün.
Gelächter schneidet ins Fleisch.
Schwarzgrau zuckt das Muster der Otter.
Die Hecke hat blutige Dornen,
und an der Kreuzung wartet der Lehrer,
blaß, des Vaters Stock in der Hand.

Auf die Straßen der Schlaflosigkeit
paukt der Marschtritt der Braunen.
Fanfaren röhren und Trommeln bellen.
Die Riemen peitschen auf Arbeiterrücken.

Das Kreuz hat blutige Haken.
Im Hinterhof schreit ein Jude.
Sein bleiches Gesicht wird grün.
Silbergrau zuckt das Muster
der Runen im schwarzen Tuch.
Ein Schuß schlägt Feuer aus dem Asphalt.
Menschen stürzen hinein,
Steine fliegen, Fenster zersplittern,
der Tempel brennt.
Die Vorhänge sind zerrissen.

Auf den Straßen der Schlaflosigkeit
zertreten Stiefel die Puppen,
zermalmen Panzer die Marmeln.
Der Mond wankt im Wind der Sirenen.
Die Sterne haben Motoren.
Sie stürzen durch heulende Wolken.
Die Blumentöpfe zerscherben.
Sandburgen und Kartenhäuser
fallen in rauchende Krater,
und in den Kellern weinen die Mütter.
Die Brände löschen den Mond.

An den Straßen der Schlaflosigkeit
wachsen Kasernen, die Tore sind offen.
Menschen marschieren hinein,
Würmer kriechen heraus.
Im Schlachthof brüllen die Stiere.
Ein Hund springt mich an.
Die Hecke hat Stacheldrahtdornen.
Pistolenpupillen starren mir nach.
Silbergrau zuckt das Muster der Ottern.
Das Wasser im Graben ist tief.
Tragbahren schwanken vorüber,
Leichen poltern hinab.
Das Wasser steigt an den Hals.

Hähne hacken nach meinen Augen.
Der Himmel hängt voller Wespen.

Die Straßen der Schlaflosigkeit
kreuzt die Allee der Gehenkten,
wo einer mit weißem Handschuh winkt,
ein eisernes Kreuz auf der Brust,
über dem Hals ein Schatten,
über dem Schatten ein Helm.
Seine Sterne stechen,
sein Rappe schlägt aus,
seine Krähen hacken ins Fleisch,
seine Katzen fressen die Krähen.
Blüten fallen ins Blut.
Die Leiber fallen, die Blätter.
Nur das Röcheln bleibt
in den Ästen hängen,
im Frühling, im Herbst.
Das Röcheln erstickt kein Winter.

Auf den Straßen der Schlaflosigkeit
schießen Pilze empor,
ziehen die Raupen und Schneckenheere,
wächst hörbar das geile Gras.
Eine Frau in Schwarz
peitscht Disteln und Rosen
mit Vaters Stock.
Das Gesicht ist verschleiert,
der Schleier zerrissen.
Aus schwarzem Tuch
zuckt die weiße Hand,
köpft die roten Rosen.
Die Mühlenflügel prügeln die Wolken,
wirbeln den Staub
über Felder voll Mohn.

Auf den Straßen der Schlaflosigkeit
begegnest mir du.
Dein Haar fällt hell in das Dunkel.
Im Dickicht der Wachträume
hängt dein Mantel, dein Kleid.
Voll fragender Ängste
senkt sich dein Blick
auf die knochigen Schultern,
die kindlichen Brüste,
die weißen Bögen über den Beinen.
Dein Lächeln zieht zitternde Kreise
wie Wasser, in das ein Stein flog.

Hähne hacken nach meinen Augen.
Schwarzgrau zuckt das Muster der Otter.
Katzen trinken die Vogelpupillen.
Die Sterne sind Bienen, sind Wespen.
Ein Rappe schlägt Feuer,
Gelächter schneidet ins Fleisch.
An der Kreuzung wartet der Vater,
wartet der Lehrer, der Schutzmann,
der Hauptmann, der Führer, der Chef
und hinter dem Vorhang aus Insekten
die rosenköpfende Frau in Schwarz.

Panzer zermalmen die Marmeln.
Sandburgen stürzen in Krater,
das Wasser steigt an den Hals,
in die Keller. Pilze schießen
ins Licht. Ein bleiches Gesicht
wird grün. Die Dornen, die Krähen
hacken ins Fleisch. Das Röcheln
bleibt an den Bäumen hängen.

Steine zersplittern,
der Tempel brennt,
die Gräber sind offen,
der Fels und der Vorhang zerrissen.

Monat der Revolutionen

Rotbelaubter Oktober,
blutiges Laub des Novembers,
Wochen der Gärung, aufschlagender Früchte,
abfallender Blätter, zerstampfter Äpfel,
gekelterter Trauben, erloschener Blumen.
Monat, der Revolutionen gebiert,
Monat, der Illusionen tötet,
krähenschwarz, asternrot, quittengold.

Eiswind und Föhn prallen zusammen.
Im Strahlensog einer Sonne,
die einmal noch über die Wolken siegt,
säult sich der Staub
zu Tempel – Fata Morganen,
jäh überweht von Vorhängen,
die der Ostwind zerreißt,
Schneegeflock, Nebelstores, Fahnen,
geplatzten Ballonen und Flugblattschwaden.
In Baumkronen hängen zerfetzte Drachen.

Schon sinkt der Himmel kobaltblau
wieder in greifbare Tiefen.
Verblassende Sterne und fliegende Fische
springen über die Klinge des Mondes.
Tau, der Angstschweiß der Erde,
Tau verdunstet im Mittagslicht.

Wir ziehen den Stachel aus unserer Haut,
das Wespengift kreist weiter im Blut,
am Fensterkreuz sterben die Fliegen.

Singvögel fliehen durchs Niemandsland
feindlicher Winde, durch Wolkengräben
und Regengarben in tote Winkel
südlicher Küsten. Schwärmen, die kühn
die Schlingen des Pußtarauchs durchstießen,
lauern schon hinter den Bergbarrikaden
die Schlingen albanischer Häscher auf.
Ihre Ölbäume sind geleimt!

Unter dem letzten Schwalbenpfeil,
den der Regenbogen ins Abendlicht schoß,
stricheln die Raben Linien der Trauer,
Tangenten am Flugkreis der Freiheitsträume.
Dahinter ein Punkt:
der Habicht stürzt,
die Schwingen leuchten metallisch.
Hungermord, Lustmord, Raub und Rausch!
Über den Herbstzeitlosen
sind die Umarmungen tödlich.

Maulwürfe graben sich tiefer,
Raupen puppen sich ein.
Die Schüsse des Regens durchbohren
das Fleisch geborstener Früchte,
die roten Fahnen und Asternsterne,
vergilbte Appelle und Manifeste,
gebrochene Flügel, verdorrtes Laub.
Die Chrysanthemen retten das Weiß
durchs Novembergrau
in die Unschuld des Winters hinüber.

(3. Fassung von »Herbstvariationen«)

Rattenpfiffe und Möwenschreie

Paris im Herbst 1956

Den Sommer schwemmte die Seine ins Meer,
einen Katzenbalg und Rattenfelle, ein rotes
und ein gelbes Blatt auf der gebräunten Wasserhaut.
Uniformierte Straßenkehrer fegen das Konservenblech,
Blutwursthäute im FIGARO
und die zertretene HUMANITÉ
gelassen über die Brücken aufs Kai zwischen die Beine
der Clochards. Im Arm einer Welle schwanken leer
drei wieder verkorkte Burgunderflaschen.

Der Herbst flog mit Möwen berauscht ins Laub
der Uferplatanen, zog seine Schleifen
durch die Alleen der Avenuen und goß die feuchten
Farben der Aperitifs und Cognacgischt in die Kronen
der Bäume, ins Haar der Mädchen, aufs Dach
der Madeleine. Unter die Kinder wirft er Kastanien
und vor die Tauben Krumen des Lichts.
Die Boulevards leuchten.

Doch hinter den Gittern verdorrter Geranien
und rostzerfressner Altanen gewittern
die Radios dunkler und lauter, wenn das Stakkato
der Nachrichtensprecher und Kommentatoren
den Dauerregen der Tanzmusik unterbricht.
In die Frühstückstassen, die Mittagsgläser,
die Abendkrüge fällt Gift.

Aus Empörung, Scham und Kriegsangst gemischt,
frißt es sich weiter beim Wechsel der Schicht
durch die Fabriken und Großmarkthallen,
den Warenhauslift, die Autobusse, die Vorortzüge
bis ins Haustürgeplauder und Bettgeflüster der Nächte.

Gerüchte gespenstern durch Menschentrauben
und Postenketten der Champs Elysées
in die Métroschächte und bauschen sich auf
in Bistros und Bars. Die Väter tragen sie
mit dem Ruß in die Stuben. Die Mütter stauben
sie aus den Fenstern und schlagen erschrocken
den spielenden Buben die Luftgewehre
und Tanks aus der Hand.

Metallpreise, Öl- und Fleischpreise
steigen, die Lohnskala gleitet,
das Obst schlägt auf, der Treibstoff
wird rationiert. Die Briefträger
brachten am Morgen Stellungsbefehle,
die Arbeiter abends Streikaufrufe
ins Haus. Gegen Kriegsrisiko sind
nur die Schiffe und Frachten
versichert. Die Prämien wurden
in London gestern verdoppelt.

Die Wolkenwand über der Ile de France zerreißen
noch einmal siegreich die Möwen und Tauben.
Im Netz ihrer Schreie baumeln im Bois de Boulogne
die Drachen. Neger- und Araberkinder bauen
wie immer vereint mit den weißen im Sand
der Squares die Burg ihrer Träume, lachen
laut die Erwachsenen aus, die beim Knall
der Motoren und Auspuffgase zusammenzucken,
und spielen in den verwachsenen
Bombentrichtern Versteck.

Noch werfen die Düsengeschwader nur ihre Schatten
über die Kuppeln und Quader der Stadt,
durchlöchern nur Regengüsse unseren Schlaf.
Noch fällt nur Blatt um Blatt durch die Nacht,
blitzen nur Lichtreklamen über den Dächern.

Nur wenige wachen und hören in ihrem Zimmer
das Echo der Schüsse von Algier und Ungarn,
der Bomben auf die ägyptischen Hafenplätze,
das Knirschen der Raupen im Sinaisand
und im Steppengras, die Schreie der Möwen
und der Gehängten über dem Donaukai.

Doch die versprengten Gäste am Strand
der Mittelmeerinseln, die griechischen Taucher,
die Fischer Siziliens sahen am Heck ihrer Boote
das Funkeln stählerner Haie und Kormorane
die Horizonte markieren, wo sich die Grenzen
von Himmel und Wasser verlieren, sahen
die Feuertiger springen und in den Pranken
des Rauchs die Sonne verdunkeln.

Unter der schwarzroten Fahne, die von der Wüste
zur Pußta weht, lasen die Menschen die gleichen
Sätze, hörten dieselben Gerüchte, vom Ostwind
gebläht, vom Westwind gedreht, und bedenken
mit gleicher Angst, die allein noch
die gespaltene Welt überbrückt, die unteilbar
auf metallischen Pfeilern im Leib der Erdteile steht:

Fünfzigtausend Wasserstoff- und Atombomben
lagern auf Abruf bereit.
Die radioaktiven Substanzen wandern schon
über die Länder in Wolke und Wind.
Sie fallen im Regen und Tau auf die Erde.
Wir trinken sie mit der Milch und im Wein.
Wir essen sie mit dem Fleisch und den Beeren.
Wir atmen sie ein.
Die Rattenpfiffe vom Roten Meer, die Möwenschreie
vom Schwarzen Meer dringen ins Mark unserer Träume.

Erinnerungen an Budapest

Meinen verhafteten ungarischen Freunden und Gastgebern gewidmet. Paris, Dezember 1956

Als der Pußtanebel im Feuer des Morgens verbrannte,
sah ich die Hand am Vorhang, schmalgelenkig und braun,
das Oval der Nägel rosa getönt
und dunkel die Augenkerne im Schattengesicht
vor dem Blau der Polster des Zuges,
Strohfeuer über den Katen, zerfallene Brunnen,
Stroh auf dem Dachgestühl, dunkler das Haar
im Luftzug der Frühe, zersprungene Mauern,
die Schattenblüte blaß vor den blauen Polstern, Türme,
Bauplätze, Brücken, die Kuppel des Parlaments: Budapest,
das waren für mich die Ufer der Donau, Ballada,
Tema con variazioni, das Tátrai-Quartett,
die Ady-Lieder von Bartók, der blinde Sänger Ungár Imre,
hereingeführt auf die Bühne, und Báthy Anna:
»*Allein mit dem Meer – Három öszi könnycsepp*«
»*Nem mehetek hozzád – Ich kam nicht zu dir*«
»*Az ágyam hivogat*« und »*Duók két hegedüre*«.
In der Pause sein Schüler Kosma, der Heimweg
mit Georg Lukács und seiner Gattin. Budapest!

Das war für mich das Arbeitszimmer im fünften Stock
hoch über der Donau, dem Belgradkai, Wasser
aus Deutschland, Schlamm, Herbstblätter, Ruß,
Wellen aus Wien und die fremden Türme, die Burg,
der Blick auf die Freiheitsstatue jenseits des Stroms,
den Gruß des Engels mit dem erhobenen Schild,
der Blick auf Buda, die Bäume, die Brücken,
Stilgemisch, glanzlose Imitationen, Bruchstücke
zweier Jahrhunderte, und an den Wänden von Zimmer
zu Zimmer die Bücher zweier Jahrtausende, Goethe
darüber, die Büste als einziger Wandschmuck,
die Schreibtischfläche, die Béla Bartók-Medaille

darauf, die bibliophile Faust-Ausgabe mit Widmung
von Wilhelm Pieck und das fast beendete Manuskript
des ersten Bandes seiner Ästhetik
»Probleme der Widerspiegelung«.

»Es gibt seit Schlegels ›Meister‹-Kritik
über Goethe nichts Lesenswertes, nichts,
das Sie lesen müßten«, sagte er, der mir
schenkte, was mich aus seinem Werk interessierte,
darunter sein Buch über »Goethe und seine Zeit«.
»Lesen Sie wieder Hegels ›Phänomenologie
des Geistes‹, den Abschnitt über die Freiheit
des Selbstbewußtseins, Stoizismus, Skeptizismus
und das unglückliche Bewußtsein« und endlich
den alten Fontane, den »Schach von Wuthenow«
zum Beispiel, unerläßlich zur Stilkritik
Thomas Manns. Dann diskutierten wir eine Nacht
über Keller, Kafka, Lenin, Trotzki und Stalin.
»Aber auch der Schaum ist ein Ausdruck des Wesens . . .
Die Erscheinung ist reicher als das Gesetz . . .«

»Fangen Sie an, nicht mit dem ›Kapital‹,
nein, zuerst mit den kleineren Schriften von Marx«,
sagte Gyula Hay beim Abschied und gab mir
mit seinen eigenen Dramen auch »Lohn, Preis, Profit«.
Ein Verräter, zum Klassenfeind übergelaufen?

Ein hagerer Mann begleitete mich
durch die Dämmerung jenes Oktoberabends
in eine Gulaschkneipe. Karminrote Suppe,
blutroten Tokayer schlürfend, erhitzt
die Gesichter, verschwimmend in Schwaden
beißenden Rauchs, – wir sprachen französisch.
Er sagte, er schrieb es in »Irodalmi Ujság«:
»La pensée humaine qui reprend son vol ne tolère
pas de nuages, de cieux ou de planètes

qui puissent l'obliger à un retour. Ainsi soit-il.
Et je répète la formule qui porte tous mes espoirs
et sur laquelle jadis nous avions prêté serment;
avec plein de majuscules: Une Pensée Indépendante!
Une Pensée Communiste Indépendante! «

Tibor Tardos, du hattest Tränen im Aug,
als ich sagte, ich nähme morgen den Nachtzug
nach Prag und Berlin und führe die Woche darauf
nach Paris, um zu bleiben, Tränen im Aug
beim Abschied in jener grauen Nacht des Oktobers
vor der Taxistation übers Brückengeländer
gebeugt, das Altbuda mit Pest verbindet.
Brücken zwischen dir und der Welt,
schwankende Stege, le pont des Arts!
Du hattest den Blick in die Wellen getaucht
und wir sahen die Seine in die Donau münden,
sahen die Lichter der Île Saint Louis
sich spiegeln, sich teilen, versinken.

»*La mer m'offre la nuit.*
Le balancement lointain des origines.
Le ciel m'ouvre la claire raison
Et peuplée de millions de durs cailloux ronds,
La grève où l'humanité vit
Contre l'eau, avec l'eau,
Ses départs, ses retours« –

Erinnerungen an Attila József,
an die Nächte des Jahres 37:
»*Vidám és jó volt s tán konok, ha bántották vélt igazában.*«
»*Dabei tief in ihm, da wohnen Tauben,*
wohnen weiße, sternenleichte Tauben,
und die Tauben werden einst zu Greifen,
die das Rabenpack zu Tode schleifen.«

»Die Zukunft leerte sich, die Vergangenheit wuchs«:

Erinnerungen an die Besuche bei Gyula Illyés:
»Un nouvel invité. Parfum de champignons? La forêt
au delâ des montagnes pénètre par la fenêtre.«
Freunde, drei, zehn, zwölf, Genossen hundert, tausend!
»Et ils m'expliquent si fraternellement
qu'il est si bon de vivre, qu'il le faut,
qu'on le peut, que mes yeux ont du mal à reprimer
ma réponse: les pleurs qui montent.«
Tränen im Aug bei der Erinnerung an die Parkgefühle
im Luxembourg, an das Zwielicht in Saint Julien le Pauvre,
an die Abende auf den Terrassen des Boulevard
Montparnasse, der Cafés Le Dôme und La Coupole,
die Diskussionen mit André Breton, Tzara, Illyés,
Eluard, Péret im Korbgestühle am Place Blanche
und an das kleine Hotel in der Rue Budé,
wo du zum erstenmal Nina trafst, zusammen
mit Panna Leveszy und Anne Orosz, der schönen Modistin.

»Ich danke dir ... Doch hätte ich anders sterben mögen,
so ganz mühelos, so wie ein Stern fällt,
wie ein Ton sich selbst aushaucht,
sich mit den eigenen Lippen totküßt,
wie ein Lichtstrahl in klaren Fluten sich begräbt.«

Erinnerungen, die Donau hinauf, den Rhein hinüber,
die Seine hinab. Steine, Stufen, ein Seil,
bateau mouche, der Clochard quer überm Kai,
in der Hand die Burgunderflasche, entkorkt,
leer, leer, – den Kopf auf die »Humanité« gebettet.
»Wie schimmernde Tränen sind die Sterne
durch die Nacht gesprengt;
es muß ein großer Jammer in dem Aug sein,
von dem sie abträufelten ...«

Schäme dich nicht deiner Tränen, Tibor, du weißt:
»Beim Homer weint Achill über seinen frühen Tod,
auch sein Pferd weint darüber . . .«
». . . Bei uns wäre das von einem Dichter töricht!
Homer konnte dem Achill ein solches Bewußtsein beilegen.
In unserer Vorstellung wäre es etwas Schlechtes;–«
»Aber einen Griechen, einen Achill kann es wohl
traurig machen, doch nur momentan in dem Bewußtsein:
es ist so; aber weiter berührt es ihn nicht.
Er kann darüber wohl traurig, aber nicht
verdrießlich werden. Verdruß
ist die Empfindung der modernen Welt . . .«

Dialektik, Steine, Stufen, ein Seil, πάντα ῥει
Doch das Wasser ist immer das gleiche, der Rhein,
die Donau, die Marne, die Seine, das Weiße,
das Schwarze, das Rote Meer, kleine Unterschiede
im Salzgehalt, Prozente, Promille, immer das gleiche.
»Beseelten Wesen ist es Tod, zu Wasser zu werden,
dem Wasser aber ist Tod, Erde zu werden,
aus der Erde quillt Wasser,
aus Feuchtem aber beseeltes Wesen.«

Dialektik, Heraklit, Hegel:
»Da ist keine Übereinstimmung zwischen dem,
was man ist, und dem, was man sein will;
denn die Menschen haben in sich das Sollen:
das soll sein. So ist Entzweiung in sich,
Unfrieden, Unzufriedenheit vorhanden . . .«
»Unglück, Unzufriedenheit ist nichts anderes
als Widerspruch gegen das, was ich sein will . . .«

Und die Heiterkeit im Schmerz, in der Trauer?
Das Scherzo von Bartók am ersten Abend,
»Tizenöt Magyar Parasztdal«, die Bauernlieder,
die alten Tanzlieder, Kodalys Oper, Bartóks Ballett?

»Und so entsteht jedes Gefüge zwieträchtiger Weise
gemäß ... Zusammenklingen – Verschiedenklingen,
und aus Allem Eins und aus Einem Alles.
Unsichtbare Harmonie ist stärker als sichtbare.«

»Alles was kriecht, wird mit der Geißel geweidet.«
»Aratja a Földet a Végzet: Es mäht das Schicksal die Erde,
Großes Ernten; es mehren sich Kreuze und Stoppeln,
Und wer bisher himmelwärts blickte,
Ist mit kalter Wange jetzt in den Kot gebeugt ...
Mind örülünk, arat a Titok,
Halott lélekkel botorkálunk ...
Kolben der Gewehre zermalmen mein Herz,
Tausend Greuel zerschinden mein Auge
Néma dzin ült büszke torkomon
S agyamat a Téboly ütötte.
Trotz allem, brich auf, meine Kraft ...
Gleichviel, brich auf, verwegen,
wie du einstmals, einstmal getan ...
Mensch sein in der Unmenschlichkeit,
Magyar az üzott magyarságban,
Starrköpfiger Toter, wieder lebendig.«

»ψυχῆς ἔστι λόγος ἑαυτὸν αὔξων«.
»Der Seele ist eigen das Wort, das sich selbst mehrt.«

»Wenn einer nicht Unverhofftes erhofft,
wird er nicht finden, was übers Erwarten geht,
unerforschlich ist es und unzugänglich ...«

Die kursiv gesetzten Zitate stammen von den genannten ungarischen Autoren und von Lenin, Büchner, Hegel, Heraklit und dem ungarischen Dichter Ady Endre, übertragen von Flora Klee-Pályi. Attila József ist aus Nachdichtungen von Pierre Gascar und Peter Hacks, Gyula Illyés aus der Übersetzung von L. Gara und P. Seghers zitiert.

Bürger,

nehmt euch in acht vor dem Fremden mit leichtem
Gepäck!
Sein Blick durchschneidet die dickste Luft,
sein Blick durchstochert die dunkelsten Gassen,
ein Schabmesser, das an den Hauswänden kratzt,
ein Glasschneider, der die Fenster durchritzt,
eine Klinge, die zwischen Türspalten fährt,
ein Dolch, der aufspießt, was ihm begegnet.

Hütet euch, Kinder, vor seinem freundlichen Wort,
vor seinen Pfiffen, Bonbons und Tricks,
hütet euch vor seiner Flöte!

Nehmt euren Hut vors Gesicht, Bürger,
bevor euch sein Auge trifft,
zieht eure Ohren und Schwänze ein,
haltet den Mund, nicht den Dieb!

Bindet den Hund an die Leine
und fester den Helm, Polizisten!
Doch ich rate euch, nicht seinen Paß zu verlangen,
und macht seinen kleinen Koffer nicht auf!
Laßt ihn laufen, seid froh, wenn er läuft!
Laßt euren Knüppel im Sack!

Bürger, laßt auch den Esel im Stall
und den Tisch ungedeckt, wenn er naht.
Er schnappt euch den Bissen vom Teller,
er schlürft euch den Wein aus der Flasche
und beißt in die Gläser,
er frißt euch die Zeitungen aus der Hand
und kotzt sie zerkaut vor die Füße.

Bietet ihm keinen Stuhl an,
hängt euer Ruhetagsschild vor die Schenken,
Bürger, und staut euch nicht auf dem Steig!
Fallt nicht auf, fallt nicht um,
fallt ihm niemals ins Wort,
nicht in den Arm und nicht in den Schritt,
fallt ihm nur nicht auf die Nerven!

Schont eure Anlagen, Bürger,
besetzt alle Bänke mit strickenden Tanten,
die Blumen mit Wespen,
die Wege mit Schnecken!
Bringt euer Heu ins Trockene,
euer Holz in die Schuppen,
und klopft auf die Büsche!

Schont eure Auslagen, Bürger,
laßt eure Steine im Glashaus,
die Katzen im Sack,
und schüttet die offenen Gruben zu!

Prüft eure Blitzableiter, die Feuermelder,
prüft eure Leitungen, Drähte und Schläuche,
schaltet den Strom ab, das Gas und das Denken,
dreht eure Hähne zu, und verbergt eure Kücken!

Steckt eure Frauen in Lederjacken,
schützt ihre Blusen vor seinem Messer,
und rührt euch nicht, wenn es schon schlitzt,
steht still! Aber geht, wenn er geht,
und seht ihm nicht nach, seht ihn nicht an,
aber seht auch nicht auffällig weg!
Vermeidet alles, was provoziert,
tretet leise, fahrt Rad oder Auto,
doch leise – und produziert!

Steigert die Umsätze, Männer,
erhöht die Absätze, Frauen,
setzt eure Männer mit um!
Setzt eure Frauen und Kinder mit ab,
sichert euch Nachlaß, sichert euch Ablaß,
sichert euch und versichert euch,
und zahlt die Reststeuer pünktlicher,

BÜRGER!

Ornithologenkongress

Dreihundertachtzig Ornithologen aus aller Welt
tagten in Upsala, – Zoologen, Seelsorger, Maler,
Kulturfilmproduzenten, Tierärzte, Dichter, Studenten.
Nur die Russen erklärten bedauernd,
durch Expeditionen im Inland verhindert zu sein.
Sie schickten Brieftaubengrüße.

Mister Sibson aus Auckland – Neuseeland –
zeigte im Film den neu entdeckten Vogel
  Takake Notornis,
den es nur fünfzigmal gibt auf der Welt, –
Großaufnahmen im Flug, Nahrungsraub, Liebesspiel,
Brüten, die Brut, – Kolumbuseier des Vogelkolumbus.
Doktor Krämer aus Bremen erklärte
  das Rätsel des Zugvogelflugs
durch den Einfallwinkel des Lichts,
der die Richtung der Stare bestimmt,
  der Tagzieher.
Der Fahrplan nächtlicher Flüge blieb ungelöst.

Nach roten und schwarzen Marken am Schnabel
der Alten picken die jungen Silbermöven.
  Rot und schwarz
sind auch für Vögel magnetische Farben,
bemerkte Professor van Hoopen aus Utrecht.
Doktor Lack aus Oxford belichtete
das Gleichgewicht der Bevölkerungsdichte,
das er an einer Vogelart in Jahrzehnten
statistisch erforscht hat:

Bei Bevölkerungsüberschuß
nimmt die Sterblichkeit zu. Auch die Wanderflüge
von Vogelsippen in neue Gebiete

sind in die Gleichung von Zeugung und Tod,
Geburt und Sterblichkeit einbezogen, –
Bioökonomie.

Am dritten Abend beim Abschiedsdinner
brachen Kolibrischwärme
in die Versammlung der Pinguine ein.
Fischreiher zogen weiße Schleifen.
Dreihundertvierundsiebzig seltsame Vögel
flogen im Morgengrauen wieder gen Süden.

Pariser Medizinstudentin

Sie weiß mit Tulpen umzugehen,
mit immergrünen Edelzuchtprodukten,
Mimosen, Augenbrauenstiften und mit Katzen.

Zu Männern hatte sie noch kein Verhältnis –
(was nicht besagen will, daß sie
noch niemals ein »Verhältnis« hatte).

Den ersten stellte sie mit seinen Rosen
in eine gelb glasierte Vallauriser Vase.
Die Blätter fielen schon nach einer Woche ab.
Ein Dorn verletzte ihren kleinen Finger,
als sie die dürren leeren Zweige
in ihren Abfalleimer warf.
Sie sog drei Tröpfchen Blut
aus ihrer zart geritzten kühlen Fingerspitze:
es schmeckte süß, es schmeckte ihr,
es war ihr banyulsrotes eignes Blut.

Den Kopf des zweiten trug sie unter Zellophan
vom Urlaub an der Côte d'Azur
in ihrem Boxkalf-Ledertäschchen nach Paris.
Sie zeigte ihn dem Bruder, und der lachte.
Sie zeigte ihn der Mutter, und die schwieg.
Sie zeigte ihn nach einem runden Monat
der stillen Nachbarin im Hörsaal,
als Professor Caux die Knochenbauentwicklung
der Wirbeltiere sehr gelehrt – beredt entwickelte,
und legte den siebten Liebesbrief
noch ungeöffnet vor sich auf das Pult,
ergänzte ihr Wirbeltiere-Stenogramm
mit einer kühnen Zeichnung nach dem Bilde
des in Villefranche gefischten Fischers

und schenkte dann sein Photo samt der Hülle
aus abgegriffnem (abgeküßtem?) Zellophan,
dem Ein- und Ausfall ihrer Laune folgend,
der stillen Nachbarin, der träumerischen,
die noch kein Männerherz, kein Männerphoto
zwischen der Puderdose und dem Taschenspiegel hatte.

Als sie das Kichern und das »Vous en prie«-Gezwitscher
durch den Raubkatzengriff der stillen Hände
und durch die Röte, die vom stillen Hals
zur stillen Stirne schoß, sich widersprechen sah,
gab sie ihr auch den immer noch verschlossnen,
noch ungelesnen siebten Liebesbrief dazu
und dachte: o stiller Wasserkopf,
du gründest tief! Und sagte:

»Antworte du ihm, – ja du darfst ihn übernehmen.
– Ganz ... Er langweilt mich mit seiner Schreiberei.
Il est collant, tu sais, et agaçant,
mais bien joli quand mème ... Sag ihm bonjour
von mir, mes amitiés etcetéra,
und daß er sich nichts Falsches denken soll ...
Ich hätt mich pas du tout in einen anderen verknallt,
ich mach mir nichts aus Männern, – aus.
Beruhige seine Eitelkeit!
Ich ziehe wirklich keinen andern vor ...«

»Bonne chance!« rief sie beim Abschied
nach der conférence Professor Cauxs
und fühlte sich ungeheuer überlegen,
spülte eine windrosenzarte Welle, Hauch
und Schaum mit ihrer Puderquaste von den Wangen,
verbarg ein Zittern ihres Schilfrohrleibs
durch schnelles Laufen – zum nächsten Blumenladen,
um Narzissensamen einzukaufen.
Sie koste, drückte die weißen Zwiebelchen

in ihren Muschelhänden. Sie liebte –
Blumen, Feigen, Knospen und den Spiegel.
Sie haßte Spinnen, Kühe und die Stiere,
und sie verachtete die Ochsen und die Männer.

Der dritte zeigte ihr Florenz,
und sie verliebte sich in diese Stadt,
schlürfte den feurigen Toskaner aus
und hinterließ ein weißes Spitzentaschentuch
zum Abschied, darin eingefaltet
getrocknete Mimosen und die erbetene Adresse.

Drei Briefe des Toskaners kamen als unzustellbar
– inconnu (cette rue n'existe pas!) –
aus Paris zurück. Doch in den Osterferien
übers Jahr erhielt er eine Carte postale
aus Amsterdam:
es sei sehr schön gewesen in Florenz,
sie denke gerade an Fiesole und ihn,
an Tizian, Giorgione und Spaghetti à la Bolognaise.
Sie wolle ihn wiedersehen in Florenz,
doch nirgend anderswo. Sie existiere
nur in Florenz für ihn. –

Hier sei sie ivre et toute passionnée
vom Rijksmuseum und der Tulpenblüte,
von süßen kleinen Zwiebelchen und anderen
neu entdeckten Zuchtblumensamen erster Wahl,
– und von den Grachten, diesen dunklen
Spiegeln, in denen ihr Gesicht sich dehne,
teile und zerfließe.

Revolte im Spiegel

Der Maske satt, in die er jeden Morgen schlüpft,
müde des Abziehbildes einer hohlen Sicherheit,
müde den Mann zu stellen, sich ins Zeug
zu legen, sich zu setzen in die Nesselsessel,
müde sich einzuspielen, aufzuspielen,
aufzupumpen und wieder, immer wieder anzupassen,
einzupassen, korrekt, adrett, gewandt, gefaßt,
gesetzt, gewitzt, gewiegt, gewinnend,

riß er sich die Krawatte von der Brust
und schneiderte sie um zu einer Puppenschürze
für seine Tochter, zerschnitt er seinen Hut
in parallele Bänder für seinen kleinen Sohn
und ließ die Adern und die Muskeln schwellen,
bis die Manschetten platzten
und der Kragenknopf zersprang.

Sodann versetzte er seinem Spiegelbild
Kinnhacken und genau gezielte Tiefschläge
auf den Magen, in die Milz und Leber,
trat auf die Scherben, stampfte sie
zu Staub und leckte sich zufrieden
das Blut von seinen Fäusten.

Bahnsteige

Von kahlen Ästen tropft
Gesicht um Gesicht
welk in den Schacht,
schwimmt durch die Nacht
der Unter- und Übergänge
und glimmt wieder blühend
auf im ewigen Licht
der Bahnsteiglampen
und Leuchtzifferuhren.

Über die Schienenstränge
schlagen die Stunden
ins schwarze Geflecht
der Sperren und Rampen
gelb nässende Wunden.
Der Zeiger springt glühend
von Zahl zu Zahl.
Sein Schatten streicht
die Minuten aus.

Wir warten auf Zeichen,
wandern von Mast zu Mast,
suchen unter dem roten Signal
vergebens den Mann,
der die Weichen stellt,
bis wir unter dem grünen Strahl
der Einfahrtlichter erbleichen.

Wir wechseln die Züge,
die Schultern schief
von der Last des Gepäcks.
Beim Absprung und Aufsprung
bebt der Ast,

den das Gewölle
der rußigen Schwaden
plötzlich belaubt.

Die Lokomotive klopft
ans Tor von Himmel und Hölle.
Wir sind auf der Flucht –
und haben den Anschluß gefunden,
Schlafwagen für Rom oder Moskau gebucht
oder fahren vom Grauen ins Blaue.

Wir glauben an unsere Flüge –
und haben uns doch der Flügel beraubt,
gefangen ins Netz der Motive.
Die Platzkarten für die Zukunft gebucht,
schon vor der Ankunft zur Abfahrt bereit,
hinter dem Rücken der Gegenwart
versäumen wir unsere Zeit.

Nur so zur Abwechslung

Ein Dreher fällt um vor seiner Maschine.
Sein Chef erfrischt sich mit Neskaffee.
Der Landrat wechselt die Konkubine.
Der Innenminister, sein Staatssekretär
für Bundesfragen und für Verkehr
laden sie beide zum Fünfuhrtee.

Ein Güterzug mit Kohl und Kartoffeln
wechselt das Bahngleis bei rotem Signal.
Die Kuhmagd vertauscht zur selben Zeit
die Schuhe mit Holzpantoffeln, das Kleid
mit der Schürze und schlurft in den Stall.

Gegen den Feld- und den Luftzug geschützt
umstülpen Gelehrte die Kausalität
und spalten im stillen Atome.
Humanere Chemiker mixen Arome
für Schnäpse als neue profanere Spezialität.

Kinder heulen. Die Mütter wechseln die Hosen
und waschen und kosen die kleinen Popos.
Sirenen heulen. Die Väter in allen
Büros und Fabriken wechseln die Schicht.
Sirenen heulen und Bomben fallen.
So wechseln die Zeiten ihr Gesicht.

Der Jahrmarktschreier

»Hereinspaziert, hereinspaziert: Sie sehen hier den
Wirtschaftswundermann ohne Unterleib mit einer Dame
im Tintenfaß! Den General ohne Kopf mit siamesischen
Zwillingskanonen! Das Glücksrad –, wer versucht's
nochmal?
Jeder Schuß ein Treffer, jeder Treffer eine Beförderung!
Noch einen Schuß ins Ritterkreuz – für zwanzig Pfennige.
Darf ich Ihnen die Generalstabskarten legen? Oder
aus der Hand Ihren Umsatz lesen, aus dem Kaffeesatz
Ihren Steuerbescheid? Wir setzen um, wir setzen ab,
wir setzen um, terumm tum dumm!«

Zirkus

Ein Sprung vom Trapez
auf den Rücken der Pferde,
Schimpansen, die Rollschuh laufen,
ein Bär, der zur Drehorgel tanzt!
Die Seehunde spielen Ball,
die Zigeuner Walzer und Märsche,
die Clowns einen traurigen Tollpatsch.
Panther springen durch Reifen,
und Elefanten steigen auf Stühle.

Wir sind dressiert,
mit Messer und Gabel zu essen,
in weiße Schüsseln zu pissen,
in weißen Betten zu schlafen,
Lust zu erzeugen und Lust zu töten,
die Lichtschnur zur Linken,
zur Rechten Tabletten und Präservative,
die Bibel, Pantoffeln, die Zeitung,
die uns alltäglich bestätigt,
wie weit wir es gebracht.
Wir haben gelernt, es zu lesen.

Doch was uns den Atem verschlägt,
bleibt der Sprung vom Trapez
auf den Rücken der Pferde,
der Gang übers Seil
zur Musik der Zigeuner,
der tanzende Ball auf der Nase.

Brunnenmonologe

Der Föhn hat den Brunnenmäulern
die Eiszungen gelöst.
Es tropfen die Wintergespräche
aus unsichtbaren Quellen,
lange gestaute Grundwassermonologe
ergießen sich in die Becken,
heben und senken die Stimmen,
schwappen über die Ränder,
fließen durch Gassen und Straßen,
rauschen ins Ohr der Bürger,
die mit dem Schnee
ihre Hoffnungen schmelzen sehen
auf das Geschäft mit den Wintertouristen
und nur zusammenzucken,
wenn ein Lawinendonnern
deutlicher Antwort gibt.

Tief in der Nacht
verstummen die Stimmen
wieder zu Eis.

Romanze vom Haar im Wind

Ich sah dich zum ersten Mal
in den bangend und staunend
geweiteten Augen der Schwester,
als ich den roten Drachen
über die sinkende Sonne hinaus
steigen ließ im Herbst unsrer Kindheit.
Ich löste die Hand aus der Schnur,
und er fuhr in den Himmel.

Ich streifte dein Haar zum ersten Mal
und roch dein Haar in Judiths Haar,
auf dem Roller über sie gebeugt.
Der Wind warf es mir ins Gesicht.

Es wehte dunkel vor mir
in den weißen Nächten,
es war der Schatten im Mond.

Es war die Gewitterwolke im Sommer,
es war der Schaum auf den Wellen,
es knisterte trocken im Schilf,
als Körper und Träume im Wasser glitten,
schwerelos, ziellos an Weiden und Erlen,
an Kieseln und Moos und Algen
und blitzenden Fischen vorbei.
Es war die Gewitterwolke im Himmel,
die für Minuten die Sonne verdunkelt.

Es wehte vor mir im Wind der Nächte,
es war der Schatten im Mond.

Es war die Vogelwolke im Herbst,
die aus den leergepickten Gesichtern
entblätterter Sonnenblumen
über den Rauch meines Feuers sprang,
als die Kartoffeln verkohlten,
die Dahlien und Astern verglühten.
Es war die Vogelwolke im Himmel,
die schwarz durch die Sonne strich,
vom kälteren Wind gen Süden geschleudert.

Dort fand ich es wieder im Golf von Sorrent.
Es war in den Schiffsrauch verschlungen,
als ich am Bug eines Kutters stand,
der die Heckspur deines Dampfers schnitt.
Aus deinen Händen fiel Brot und Licht.
Du hast die Möwen gefüttert.

Du hattest die Amseln gefüttert
im Hof unsrer Schule.
Du warfst deine Krumen den Möwen zu
auf den Brücken des Rheins und der Rhône.
Ich sah dich die Tauben füttern
vor Santa Maria dei Fiori
und unter dem Pfeil der Fontäne
im zweiten Burghof des Hradschin.

Du locktest die Vögel in vielen Sprachen,
doch stets mit dem gleichen Lächeln,
derselben Gebärde, die Schulter gelockert,
das Haar im Wind.

Es wehte dunkel vor mir
in weißen Nächten,
es war der Schatten im Mond.

Es flog aus dem Schnellzug nach Wien vorbei,
als ich am Fenster des Gegenzugs stand,
mit dem Ruß durch meine winkende Hand
und schwärzte die Fingerkuppen.
Ich bog sie zurück und zerrieb die Asche
über den Linien des Lebens, des Glücks...

Dein Lächeln traf mich im Spiegel
der S-Bahn nach Niederschönhausen.
Es fuhr im Lift eines Hamburger Kaufhauses
vor mir hinunter ins Souterrain,
blitzte rotfunkelnd auf im Donner
der Métro zum Gare d'Austerlitz
und schwamm im Schaufenster einer Bijouterie
der Rue du Faubourg Saint Honoré
korallenblaß in einen Elfenbeinring.

Ich streifte es wieder und roch dein Haar,
über dich und die Vitrinen des Rijksmuseums
gebeugt. Sein Duft ging ein in die »Vorratskammer«
Pieter de Hoochs und verschmolz mit dem Ölgeruch
der Farben. Das Denken des »Architekten« setzte
einen Augenblick aus; sein Stirnlichtreflex
weißte den Federkiel, fiel zwischen uns,
und die »Mühle von Wyk« stand still in den Wolken.
Dann schlug das As eines Brouwerbauern
la dame du coeur auf dem umgestülpten Faß.
Die Milch der Küchenmagd Vermeers fließt
weiter durch die Stunden des Jahrhunderts,
der irdene Topf läut nicht über---

Ich sah deinen Leib im Licht eines Frühlingsmorgens
von Meerschaum bedeckt aus der Nordsee tauchen,
erkannte ihn wieder im Sommerkleid
zwischen den Büschen des Schwetzinger Parks
in der leeren Stunde des Mittags

und fand dein Gesicht eines Abends im Herbst
versteinert im Schutt eines römischen Tempels,
während dein Rücken hinter den Säulen verschwand.

Bis zu der Winternacht, in der sein Schatten
zurückfiel auf mich und die Erde,
als ich dich über das Treppengerüst
des Chinesischen Turms hinaussteigen sah
auf den Großen Wagen im Himmel.

Die Türklingel

Professor Ernst Bloch in Dankbarkeit für die Anregung durch »Das Prinzip Hoffnung« (Erster Teil)

Manchmal habe ich wieder die Klingel
der Kindheitswohnung im Ohr,
den schrillen, stechenden Ton, der uns weckte im Spiel.

Wir schlichen auf Zehenspitzen zur Tür,
voll banger Erwartung, von Neugier gestachelt,
Angst zerbeißend,
im Flurwind von Ahnung und Hoffnung getroffen:
Vielleicht kommt das Neue, Unbekannte
und doch schon dunkel Gewußte und heller Geträumte,
das, »was wir suchen und was uns wieder sucht«,
vielleicht steht die neue Zeit auf der Schwelle,
ruft uns die Welt vor die Tür?

Aber es war nur die Großmutter, die aus der Handtasche
Tüten mit türkischem Honig und Marzipanäpfel zog,
oder die blasse Berta vom Hinterhaus,
die meinen Roller ausleihen wollte,
und immer ein Glas voll schäumender Milch
und ein Brot mit Butter und Schnittlauch bekam
von der Mutter, wie wir es liebten,
oder es war der Briefträger
mit der schnarrenden Feldwebelstimme,
der jedesmal zackig die Hand an den Mützenrand legte
zum Gruß. Wir legten die unsere dann an die Hosennaht,
nahmen die Briefe entgegen wie eine vertrauliche Order
und brüllten »Jawoll« und lachten ihn aus.

Manchmal zur Osterzeit war es die grämlich scheue Jüdin
vom oberen Stock. Sie brachte uns Matzen und schluckte
die zaghaft gestotterten Silben des Danks mit dem gleichen
Erröten, derselben Lippenbewegung wie Berta die Milch.

Laut trat der Onkel über die Schwelle,
schief die Motorradhaube über den rot entzündeten Augen,
berauscht vom Tempo der Fahrt, den Schnapsgeruch
des Benzins in der ledernen Jacke, vom Wind parfümiert,
von den Schüssen des Lärms betäubt,
dem Motorenstakkato,
die Hosen vom Staub der Ferne gepudert.
Wir staunten ihn an und klopften ihn aus,
bis er uns packte am Schopf
und ein Automodell aus dem Schneuztuch rollte.

Unheimlich mit seinen im Singsang gelallten Zahlen,
dem schwarzen Handschuh über der hölzernen Hand,
dem Schatten zwischen Mütze und Hals,
war uns der Gasmann.
»Wer hat ihm sein Gesicht gestohlen?«
fragten wir abends die Mutter.
Selbst der Vater wußte es nicht.

Dafür hatte der Drehorgelmann gleich zwei
unter dem lustigen Filzhut.
Wir liebten sie beide, liebten die traurig flötende Stimme
und die federnde Jodlerspirale, die sich spitz überschlug
und heiser zerbröckelte in die Akkorde
des fauchenden Kastens, Akkorde des Lobs
und des Leids jener Welt, die wir suchten.
Wir liebten die Schmalztopflieder der Hinterhofsänger
und klatschten Dakapo, wenn sie die bleiche Prinzessin
in schwarze Wälder und uns über Capri
nach Rio entführten.
Wir guckten ins Rohr der Trompeten und suchten
die tönenden Geister und spuckten hinein und tanzten.
Wir liefen dem Zupfgeiger nach
und griffen selbst in die Saiten.

Fast täglich kamen Hausierer mit Schuhriemen, Pasten,
Salben und Seifen, Nadeln und Zwirn im Bauchladen,
den wir so gerne ausgeräumt hätten
oder behalten zum Spiel.
Besonders die schillernden Knöpfe hatten's uns angetan
und die schwarzen Lakritzenstengel,
die uns ein Zwickelbärtiger
einmal forsch in die Zähne gesteckt,
die Wünsche schürend fürs nächste Mal,
als Mutter Garn und ein Gummiband kaufte.

Verwunschen schien uns zur Weihnachtszeit
das fränkische Kräuterweib mit Meerrettich,
Majoran, Estragon, Dill, Kümmel, Kerbel
und Pimpernell in der märchendurchflochtenen Hucke.
Oft standen Bettler draußen,
bucklige, hinkende, stammelnde
oder zuweilen ein stolzer Alter im zerschlissenen Frack,
die Weste fleckenlos weiß,
mit Sicherheitsnadeln verschlossen.
Wir fürchteten uns, – nicht vor den zitternden Händen,
die schnell und geübt nach den Groschen griffen,
nicht vor allem, was man uns fürchten lehrte,
sondern vor ihrem ergebenen Blick und vor dem,
was sie auf unsere Schwelle trieb.

Manchmal war es Karlheinz,
die Hände voll farbiger Kugeln,
um uns zu Marmelspielen zu holen.
Manchmal knarrte die Tür ins Leere,
wir lugten betroffen durchs Treppengeländer,
rutschten nach ängstlichem Zögern hinab
und fanden drunten die pfiffige Ruth, die uns narrte.

Wenn ein neuer Monat begann,
war es der Licht- und Wasserzinsmann,
der Mietenkassierer, die Zeitungsfrau,
ein dürrer Student mit Illustrierten,
der Scherenschleifer oder ein Blinder,
der mit zärtlichen Worten und Fingern
über die Bürsten und Pinsel strich
und uns die Augen öffnete für das Dunkle
und für das helle Glück, jung zu sein
und mit der Hand im Hosensack zu erkennen,
wie weich die Borsten sind und wie hart die Stufen,
das Glück zu sehen, was vor den Türen steht,
wenn uns die Töne der Klingel rufen.

Über das Treppengeländer glitt unser Blick
den Boten des Lebens nach, das voller Geheimnisse war,
voll Spannung und saugender Fremdheit,
voll Tränengeschmack und Gelächter,
das Wärme und Kälte über die Stiegen verströmte,
scharfe Gerüche und starke Farben.

Wir suchten den Mann im Mond
am Fenster in schlaflosen Nächten.
Wir sahen im Frühling hinter den Dächern das Meer.
Wir fuhren im Sommer ins Wolkengebirge.
Wir hörten den Sandsturm der Wüste im Herbst,
die Flügel der Engel im Schneeflockenwirbel
und spähten wieder durchs Schlüsselloch,
wenn die Klingel uns weckte am Vormittag,
wenn die Klingel uns schreckte am Nachmittag.

Aber das große Abenteuer,
der Einbruch, den wir voll Angst ersehnten,
der schwarze Mann, mit dem man uns drohte,
der wilde Entführer, die Hexe, Gespenster,
der Engel oder der Zauberer, der mit seinem Stab

den gordischen Knoten zerhieb, mit einem Schlag
alle Antworten gab, alle Rätsel löste,
uns offen die Welt vor die Füße legte,
sie kamen nie.
Erwartung und Angst wurden kleiner,
die Spannung, die Hoffnung blieb.

Manchmal werfen die Meere
uns Flaschenpost ans Land,
und manchmal fällt ein Taubenbrief
aus den Sternen in unsere Hand.

Nachwort

»Das Wort des Schriftstellers ist mächtig, weil es einer Position der Nicht-Macht entspringt. Der Schriftsteller spricht nicht vom Nationalpalast, vom Volksgerichtshof oder von den Büros des Zentralkomitees aus: er spricht von seinem Zimmer aus. Er spricht nicht im Namen der Nation, der Arbeiterklasse, der Grundbesitzer, der ethnischen Minderheiten, der Parteien. Er spricht nicht einmal im Namen seiner selbst: das erste, was ein wahrhafter Schriftsteller tut, ist, an seiner eigenen Existenz zu zweifeln. Literatur beginnt, wenn einer sich fragt: wer spricht in mir, wenn ich spreche?«

Die Frage, die der mexikanische Dichter Octavio Paz hier im Anschluß an seine jeden Kompromiß ausschließende Definition des Dichters stellt und zum Movens aller wahren poetischen Produktion erklärt, klingt sehr einfach und ist doch kaum zu beantworten: wer oder was spricht aus mir, wenn ich dichte? Wir haben die Unschuld verloren, diese Stimme den Göttern zuzuschreiben, die sie dem Dichter leihen: für die Zeit, die er braucht, den Text zu ihrem Lobe niederzuschreiben. Aber auch die naheliegende Antwort ist uns, die wir mit allen Wassern der Theorie gewaschen wurden, ohne je sauberer zu werden, obsolet geworden: kaum einer wagte zu sagen, Ich bin es, Ich allein, der da spricht, wie es sich ebenso zu verbieten scheint, von sich in aller Unschuld als von einem Dichter zu sprechen. Unser wissenschaftlicher Blick auf uns selbst hat uns aller Naivität entkleidet, mit dem Ergebnis, daß das autonome Ich, die Idealvorstellung des aufgeklärten Menschen, in die verschiedensten Teilvorstellungen eingegangen ist, was eine Rekonstruktion des ursprünglichen Ganzen nicht mehr zuläßt. Es bedurfte nicht erst der Psychoanalyse, die Stimme, die aus uns spricht, als ein Ensemble von Stimmen zu begreifen. Schon die Romanti-

ker, allen voran Novalis, hatten gute Gründe anzunehmen, daß die Rede, die den Menschen als Gattung und als Individuum seit Geburt begleitet, nicht dem jeweiligen Sprecher allein gehören kann: »Jeder Mensch ist eine kleine Familie«, heißt es in den Fragmenten des Novalis, eine folgenschwere Entdeckung, die Freud bekanntlich in seinem Konzept der kulturellen Entwicklung weitergeführt hat. Was aber ist aus diesem Ich geworden, das im späten 18. Jahrhundert als visionäre Möglichkeit entwickelt wurde, in welchem Schatten hat es sich aufgelöst, um als Wunsch immer wieder in den verschiedensten Diskursen aufzutauchen, als Forderung nach einem positiven Menschenbild zumal in der Literatur. Es ist schwer einzusehen, warum gerade der Dichter dazu fähig sein sollte, die Identität wiederherzustellen, auch wenn ihm diese geradezu diabolische Macht häufig zugesprochen wurde. Die Poesie, schreibt Valéry, »strebt danach, die Einheit und Harmonie des Lebenden hervorzurufen oder wiederherzustellen, jene außerordentliche Einheit, die zutage tritt, wenn der Mensch von einer intensiven Empfindung ergriffen wird und keine seiner Kräfte unbeteiligt bleiben.«
Besonders im Zeichen der Krise, wenn selbst die gröbsten Hilfskonstruktionen nicht mehr ausreichen, das Individuum in der geschichtlichen Zeit gesellschaftlich und geistig zu definieren, wächst dem Dichter aufgrund seiner Bemühung, Einheit und Harmonie wenigstens als utopische Vorstellungen zu retten, eine Autorität zu, deren Würde und machtlose Macht er kaum auszuhalten vermag. In solchen Situationen wird er entweder eine fremde Stimme annehmen und eine Rolle spielen (also im Namen der Nation, der Arbeiterklasse, der Grundbesitzer etc. sprechen), die ihm nicht zusteht: er wechselt über in das Fach des Propagandisten; oder er wird grundsätzlich an seiner Existenz, und das ist an der Stimme, die aus ihm spricht, zweifeln, und das häufig bis an den Rand des Verstummens, wo die unreine Sprache, die jeder in den Mund

nehmen und nach eigenem Ermessen zurechtbiegen darf, sich nur noch in der extremsten Verkapselung als Medium des anderen gebrauchen läßt. Es ist kein dialektischer Witz, wenn in dieser radikalen Negation des Sprachgebrauchs der Begriff des Dichtens für einen Moment seine tiefe Bedeutung zurückerlangt: das Ausgegrenzte, Verbotene, Verschwiegene oder Unsagbare auszusprechen. Paul Celan wird der Dichtergeneration nach dem Krieg immer als Beispiel und Vorbild dieser bis zur Selbstzerstörung der Existenz gehenden Haltung dienen, die poetische Sprache vor dem Zugriff der Macht zu schützen, auch um den Preis, in den eigenen Labyrinthen unterzugehen. Natürlich haben diese brüsken Gesten, sich von der Welt auszuschließen, auch etwas Eskapistisches, dem schwer und unter Opfern nur zu folgen ist. Gerade die Aufbaustimmung der Nachkriegsjahre wußte mit dieser Haltung nur wenig anzufangen. Bei aller verständlichen Depression, die der Anblick des zerstörten, moralisch ruinierten und geistig verödeten Deutschlands in den Zurückkehrenden hervorrief, mußte ja auch der eigene Anteil, so gering oder so groß er auch war, in Rechnung gestellt und positiv verarbeitet werden. Verarbeiten hieß aber nur zu häufig verdrängen. Es blieben nur wenige, die auch nach 1945 nicht müde wurden, Fragen zu stellen, auch wenn sie sich ihre Lebensform dadurch von der üblichen jener Jahre unterschied und bis heute unterscheidet. Einer von ihnen war zweifellos Wolfgang Bächler, dessen frühe Gedichte, ab 1942 geschrieben, nun wieder vorgelegt werden und einen langen und schmerzvollen Blick zurück in die Anfangsjahre der Bundesrepublik erlauben.

Wir müssen versuchen, Fragen zu stellen; wir müssen versuchen, Antworten zu geben: so zweideutig, vage und unbefriedigend sowohl Fragen wie Antworten ausfallen, wir müssen diese Arbeit jetzt leisten, bevor wir mit der anderen Arbeit, dem Aufbau und der Neuorientierung beginnen. Es spricht nicht gegen die Qualität der Gedichte, wenn man sich nicht an die dort gemachten Vorschläge gehalten hat. Es wurde weder gefragt noch geantwortet, sondern blind angefangen, was nach dem barbarischsten Akt der neueren Geschichte uns auch den gewaltigsten Akt der Verdrängung bescherte. Deutschland war, getrennt durch das Jahr 1945, zweimal hintereinander Weltmeister geworden, ein schöner Rekord.

Die Spannung, etwas sehr Wichtiges sagen zu müssen, ohne noch genau zu wissen, wie man es sagen soll und was es sein wird, prägt durchgehend Wolfgang Bächlers ersten Gedichtband: »Die Zisterne«. Schon die Wahl der Motti, Hölderlin und Lao-tse, ist dafür Beleg. Besonders das Hölderlin-Zitat liest sich im Kontext der Entstehung des Buches wie eine Kampfansage. Ein Gott ist der Mensch, wenn er träumt, ein Bettler, wenn er nachdenkt – das stellt die Realität der Nachkriegszeit auf den Kopf und muß alle die vor den Kopf stoßen, die nach der zwangsweisen Verabschiedung der wahnwitzigsten Allmachtsphantasien nun auf die nachdenkende Vernunft setzen wollen. Heute können wir leicht einsehen, welche prophetische Substanz in der Wahl der Motti steckt, die damals durchaus häretisch oder kokett geklungen haben mögen. Der dialektische Sprung in Bächlers Sinne, wie ich ihn verstehe, besteht nämlich darin, daß das Ausmaß der Vernichtung über jedes vernünftige Denken hinausgeht und daß es jetzt des visionären Träumers bedarf, um das schlechthin andere, das Unbekannte, noch nicht Vorstellbare, das noch keinen Namen hat und folglich mit unserer kompromittierten und korrumpierten Sprache noch nicht auszudrükken ist, zu imaginieren. Nur der Träumer vermag es, die Ruinen des Bewußtseins im Traum zu jenem Gebäude zusammenzufügen, in dem ein Leben denkbar ist, das diesen Namen verdient. In diesem Sinne ist auch das zweite Motto zu lesen, das den machtlosen Lao-tse zitiert mit der tiefen, im Kontext des Nachkriegs allerdings irritierenden Ansicht, daß das Allerweichste stets das Allerhärteste

überhole. Denjenigen muß dieser Satz verstören, der ihn nicht nur auf das Vergangene, den Faschismus, appliziert, sondern auch auf das Zukünftige, das sich eben zu bilden beginnt. Nein, hier wird nicht die frühromantische Attitüde des Vernunftprotests wiederholt, sondern der viel tiefer sitzende Verdacht gegen jedwede ideologische Begründung von Macht formuliert – in welcher Verkleidung sie auch immer auftritt. Das Heute des zwanzigjährigen Bächler war das Erbe des Gestern: die Adenauerzeit mußte mit diesem Erbe fertigwerden, und sie wurde es auf ihre Weise, die mit der von Bächler, dem machtlosen Träumer, in wesentlichen Bereichen nicht übereinstimmte.
Es ist für mich heute kaum vorstellbar, wie einer, der dem jeglicher Mythologie entkleideten Krieg gerade entkommen war, den störrischen Entschluß faßt, ein Dichter zu werden. Alles andere wäre denkbar, vom zynischen Anarchisten bis zum strebsamen Kleinbürger, der seine soziale Chance ergreift. Statt dessen die Entscheidung, der kaputten Wirklichkeit eine ästhetische Maske aufzusetzen, den ideologischen Niederungen im Bild des geglückten Gedichts eine Fata Morgana zukünftigen Lebens vorzuhalten. In der »Zisterne« gibt es ein Gedicht, das mich seit dem ersten Lesen immer verfolgt hat, obwohl es sicher nicht zu den besten der Sammlung gehört: »Als ich Soldat war.« Es liest sich auf eigentümliche Weise wie eine Umkehrung meiner Vorstellung vom Dichter und formuliert auf eben diese paradoxe Weise ein poetologisches Programm. »Als ich Soldat war, schrieb ich kein Gedicht. / .../ Und daß ich lebte, wußte ich es nicht?« Aber ist Dichtung nicht gerade der Versuch der Behebung des Mangels eines unvollkommenen Lebens, die Sublimation des Schmerzes darüber, nicht leben zu können? Besagen die Verse nicht, daß es dem Soldaten Bächler gut ging und er sich jeder ästhetischen Überhöhung seiner Lage entschlagen durfte? Man lebte, das war alles. Allein das Fragezeichen macht die trotzige Vergewisserung suspekt: »wußte

ich es nicht?« Nein, er wußte es nicht mehr, könnte man fortsetzen, als er Soldat war, gab es keine Sprache der Vergewisserung und mithin keine Sprache für Zukunftserwartung. Der Zukunftsverlust war eine Folge dieser Sprachlosigkeit, und kein Gedicht, nicht einmal die Hölle Dantes, hätte Bilder liefern können der symbolischen Repräsentanz des Grauens. Nur der Davongekommene kann über das Gewesene berichten, im Moment des Geschehens selbst fällt die Sprache aus. Das ist eine wichtige ästhetische Entdeckung, die Bächlers Generation machen mußte und deren weitreichende Dimension für uns, die im Frieden aufwuchsen, nur schwer zu begreifen ist. »Die ersten schrillen Kugeln trafen Gott. / Die Stimmen starben, die zu ihm gefleht.« Gott und sein metaphysisches Universum mußten sterben, um dem Krieg eine Begründung zu geben, anders wäre das Gewissen nicht zur Ruhe gekommen. Ohne Gott war man unter sich, im Diesseits. Aber mit Gott starben auch die Stimmen, die ihn zuallererst konstituierten. Solange sie flehten, gab es die Vorstellung von einem Leben nach dem Kriege. Und dieses Flehen ist natürlich eine Variation der Poesie. Wenn dieses Flehen verstummt, reduziert sich die Sprache auf den Befehl: »Befehle jagten mich in irren Trott.« Das »irren« meint hier auch: in die Irre gehen, den Weg verlieren, was im Gegensatz zum zielgerichteten Befehl steht: wer den befohlenen Weg geht, geht in die Irre – ein eindeutiger Kommentar jener Entschuldigung, man habe nur Befehle ausgeführt. »Und Gott? – Wir hoffen, daß er aufersteht.« Nicht der Gott der Apotheosen und des ewigen Lichts, sondern der Gott des Diesseits: der Mensch. Oh, ein Gott ist der Mensch, wenn er träumt. Wenn er spricht.
Wer sich in die frühen Gedichte der »Zisterne« eingelesen hat, muß betroffen sein von ihrem melancholischen Ton, ihrer schwermütigen Unruhe, die sich in Bildern zu stabilisieren sucht; man spürt die fast unaushaltbare Anstrengung, einen Weg zu finden, der sich nicht sofort wieder in

den Aporien der Nachkriegszeit mit ihrer forschen Aufbruchstimmung verliert. Die Idole des Neuen sind nur Maskierungen des Alten, diese bittere Klage durchzieht wie ein klagender Klang die Verse, die für mich zu den schönsten der Nachkriegszeit gehören, auch dort, wo sie suchend und tastend fremde Stile ausprobieren. Gerade ihr manchmal ins Auge springender Eklektizismus ist ja nur Signum für die Unruhe, das Neue zu finden.

»Der Boden glitt weiter/unter mir fort./Und über mir las ich,/weiß auf rot/›Bremse‹ und ›Not‹/und... ›Gefahr‹!«

»Lichtwechsel« ist ein Zwischenbuch. Hier finden sich viele Neufassungen älterer Gedichte, wieder und wieder umgeschrieben, um den eigenen Ton zu finden. Dieser Ton trifft nur selten, weil er in mehr oder weniger beliebiger Form versucht, das erwachende Gesicht der Neuen Zeit noch einmal zu mythologisieren, um darunter das verborgene sichtbar zu machen: »Der Krieg zog hier/vor sechs Jahren vorbei./Der Krieg geht drüben/seit einem Jahr/weiter.« Aber die Realität hatte sich von den Träumen des Wolfgang Bächler weit entfernt, der Strom war abgeschnitten. Was in der »Zisterne« mit der Macht und der Kraft der Verzweiflung in die Reime gesperrt wurde, um dem Chaos Form zu geben, bietet sich im »Lichtwechsel« offen und unorganisiert dar. Erst in diesem zweiten Band ist der Krieg wirklich zu Ende, das Ausmaß der Destruktion wird deutlich: und eine tiefe Zivilisationsmüdigkeit verhindert den bündigen Klang. »Ich aber kann den Tag/nicht mehr fassen/und die Nacht/zerfließt mir/zwischen den Händen,/ohne Kontur, ohne Ufer.« Man mag den tieferen Grund dieser Erschöpfung im Kontext der Zeit suchen oder im Lebenszusammenhang des Autors, sie hat jedenfalls noch dort die Zeilen imprägniert, wo Fremdes den müde gewordenen Blick ablenken sollte: die ersten Reisen nach Frankreich, in andere Räume der Wahrnehmung. Etwas ist passiert, das nicht mehr zurückgenommen werden kann. Was es sein könnte, erfahren wir auf der letzten Seite des Bandes, im Titelgedicht »Lichtwechsel«. Nach der Nachtschicht tritt einer hinaus ins Freie, in die Helligkeit des beginnenden Morgens. »Und aus den Gärten/erfrorenen Bürgerglücks/löste sich's schwarz,–/die Schwärme der Vögel/von der Sehne des Lichts/in den Himmel gepfeilt,/Aufschwünge ins Blau/einer plötzlichen Hoffnung/.../Aus den Kaminen/stieg die verbrannte/Kohle der Nacht/in den heiteren Morgen.« Kein Zweifel, aus dem um seine Jugend betrogenen Wolfgang Bächler war einer geworden, der die Zukunft als eine politische Aufgabe begriff. Die plötzliche Hoffnung, die hier nach so vielen verbohrten Erkundungen ins Innere einer verbogenen Psyche auftaucht, ist nur politisch zu interpretieren.

Bereits eines der ersten Gedichte des nächsten Bandes, »Türklingel«, macht die Verwandlung evident. Es heißt »Monat der Revolutionen« und ist eine große Elegie über das Scheitern. Kurz danach ein bewegendes Gedicht aus dem Herbst 1956, »Rattenpfiffe und Möwenschreie«, eine Vorahnung der Apokalypse, wie sie nur von Menschen erdacht werden kann. Und schließlich die »Erinnerungen an Budapest«, geschrieben im Dezember 1956 und den verhafteten ungarischen Freunden gewidmet, ein flächiger, von Zitaten durchsetzter Text, der sich nicht mehr die Mühe macht, eine Balance herzustellen zwischen Idee und Klang. Er markiert das Ende der Fiktion, indem er sie nur noch als Zitat zuläßt: die Wunde ist zu tief, als daß sie sich noch metaphorisch genießen ließe. Etwas mehr als zehn Jahre nach Kriegsende scheinen sich für Wolfgang Bächler, den nun Dreißigjährigen, alle Bewegungen auf ein Ziel hin zu ordnen, das sich zwangsläufig aus dem irre gewordenen Zeitgeist ergibt: die endgültige Annihilation der Welt. Wie er es geschafft hat, mit dieser physisch und geistig empfundenen Drohung weiterzuleben, kann uns hier nicht beschäftigen. Daß er bereits damals all seine Konzentration und Sprachfähigkeit dafür aufgebracht hat, diesen Befund mitzuteilen, ist von Bedeutung. Denn er sprach ja nicht im Namen einer Partei, eines Verbandes, einer Nation, er sprach nicht einmal im Namen seiner selbst. Er lieh sich lediglich einer Stimme als Medium, einer Stimme, deren unendliches Murmeln solange zu hören ist, solange es so etwas wie ein moralisches Gewissen der Dichter gibt.

Michael Krüger

Nachbemerkung

In diese Sammlung der frühen Lyrik wurden einige noch unveröffentlichte Gedichte aufgenommen und nach ihren Entstehungszeiten eingeordnet. Nur aus dem ersten Band »Die Zisterne« wurden einige Gedichte weggelassen.

Inhalt

DIE ZISTERNE
Gedichte 1942 bis 1949

Bitte umblättern:

»Wer mein Schweigen nicht annimmt,
dem habe ich nichts zu sagen.«

Wolfgang Bächler

Ausbrechen
Gedichte aus 20 Jahren
Fischer Taschenbuch Band 5127

Die Erde bebt noch
Frühe Gedichte. 1942 bis 1957
Fischer Taschenbuch Band 9174

Nachtleben
Gedichte
88 Seiten, Pp. und
Fischer Taschenbuch Band 5872

Stadtbesetzung
Prosa
204 Seiten, Geb. und
Fischer Taschenbuch Band 5069

Traumprotokolle
Ein Auskunftsbuch
Fischer Taschenbuch Band 2041

S. Fischer · Fischer Taschenbuch Verlag

fi 427/2

Erich Fried
Reich der Steine
Zyklische Gedichte
Fischer

Peter Huchel
Chausseen
Chausseen
Gedichte
Fischer

Ossip Mandelstam
Gedichte
Aus dem Russischen
übertragen von
Paul Celan
Fischer

Wolfgang Weyrauch

Bericht an die Regierung

Mit einer Nachbemerkung von Hermann Kesten. Band 5371

Hermann Kesten schrieb 1953 zur Erstveröffentlichung dieses Buches: »Es sind phantastische, nie dagewesene Dialoge voll innerer Wahrheit, surrealistisch, überreal, wahrer als die stumpfe Realität. Mutig handelt dieses Prosastück von allen Tabus der Nachkriegsdeutschen.«

H., das ist Adolf Hitler, der Beobachter und Zuhörer, beschrieben wird sein und anderer Untergang in den Schächten der Berliner S-Bahn in den letzten Kriegstagen. Ohne Mitleid registriert H. die Gespräche oder Monologe der mit ihm Gefangenen, dazwischen liest man Hitlers Gedanken, folgt seinen Selbstgesprächen und seinen Gesprächen mit Flüchtlingen, einem SD-Mann, einem Leutnant, einer Jüdin. H. denkt »Ich höre im April 1945 die Stimme einer Jüdin. Sie redet, wie wenn nicht alle vergast worden wären. Ich habe ausnahmslos alle Semiten töten lassen. Entweder ist sie verückt, oder ich habe mich verhört.«

Fischer Taschenbuch Verlag

fi 394/1

Guntram Vesper

»Was da, zuweilen auf zwei oder drei Seiten, in äußerster Knappheit an Zeit- und Zustandsschilderung gelingt, weist Vesper als einen der begabtesten Prosa-Autoren der jüngeren Generation aus.«
DIE ZEIT

Nördlich der Liebe und südlich des Hasses
Roman. Band 2112

Kriegerdenkmal ganz hinten
Prosa. Band 5893

Die Illusion des Unglücks
Gedichte. Band 5128

Die Inseln im Landmeer
und neue Gedichte
Mit Zeichnungen vom Autor
Band 5821

Frohburg
Neue Gedichte
Mit Zeichnungen des Autors
und einem Anhang
Band 5905

Fischer Taschenbuch Verlag

fi 470/2